HUMOR

TERRY EAGLETON

HUMOR

O PAPEL FUNDAMENTAL DO RISO NA CULTURA

Tradução de
Alessandra Bonrruquer

2ª edição

2023

CIP-BRASIL. CATALOGAÇÃO NA PUBLICAÇÃO
SINDICATO NACIONAL DOS EDITORES DE LIVROS, RJ

E11h
2ª ed.

Eagleton, Terry
Humor: o papel fundamental do riso na cultura / Terry Eagleton; tradução Alessandra Bonrruquer. – 2ª ed. – Rio de Janeiro: Record, 2023.

Tradução de: Humour
Inclui índice
ISBN 978-85-01-11748-9

1. Humorismo – Filosofia. 2. Humor (Psicologia). I. Bonrruquer, Alessandra. II. Título.

19-60856

CDD: 152.43
CDU: 159.942.53

Vanessa Mafra Xavier Salgado – Bibliotecária – CRB-7/6644

Copyright © Terry Eagleton, 2019
Originalmente publicado pela Yale University Press

Título original em inglês: Humour

Todos os direitos reservados. Proibida a reprodução, armazenamento ou transmissão de partes deste livro, através de quaisquer meios, sem prévia autorização por escrito.

Texto revisado segundo o Acordo Ortográfico da Língua Portuguesa de 1990.

Direitos exclusivos de publicação em língua portuguesa para o Brasil adquiridos pela
EDITORA RECORD LTDA.
Rua Argentina, 171 – 20921-380 – Rio de Janeiro, RJ – Tel.: (21) 2585-2000, que se reserva a propriedade literária desta tradução.

Impresso no Brasil

ISBN 978-85-01-11748-9

Seja um leitor preferencial Record.
Cadastre-se em www.record.com.br e receba informações sobre nossos lançamentos e nossas promoções.

EDITORA AFILIADA

Atendimento e venda direta ao leitor:
sac@record.com.br

Para Trevor Griffiths

SUMÁRIO

Prefácio		9
1	Sobre o riso	13
2	Zombadores e escarnecedores	39
3	Incongruidades	61
4	Humor e história	81
5	A política do humor	111
Notas		133
Índice		143

PREFÁCIO

Muitos estudos sobre o humor começam com a envergonhada admissão de que analisar uma piada é assassiná-la. Isso não é verdade. É fato que, se alguém quiser provocar riso, é imprudente contar a piada e dissecá-la ao mesmo tempo, do mesmo modo que se diz que alguns presidentes americanos eram incapazes de caminhar enquanto mascavam chicletes; mas não há muitos comediantes realizando uma pesquisa teórica sobre seus gracejos no momento em que os proferem. Os que fazem isso costumam ser encontrados nas filas de desempregados, não em clubes ou teatros. (Com certeza há exceções, como Stewart Lee, comediante brilhantemente original que desconstrói sua própria comédia enquanto a apresenta e analisa a resposta da plateia a ela.) Fora isso, o humor e a análise do humor são perfeitamente capazes de coexistir. Saber como uma piada funciona não necessariamente a sabota, assim como saber como um poema funciona não o arruína. Nessa e em outras questões, teoria e prática ocupam esferas diferentes. O conhecimento anatômico do intestino grosso não é obstáculo ao prazer de uma refeição. Ginecologistas podem ter uma vida sexual gratificante e obstetras podem se maravilhar com bebês. Astrônomos confrontados todos os dias com o status profundamente insignificante da Terra no universo não começam a beber ou se jogam de um penhasco, ao menos não por essa razão.

Nas prateleiras das livrarias, há muitos estudos sobre o humor notavelmente destituídos de humor. Alguns deles são cheios de gráficos, tabelas, diagramas, estatísticas e relatórios sobre experimentos em laboratório.[1] Um desalentado trio de pesquisadores científicos parece até mesmo ter lançado dúvidas sobre a existência real das piadas. Também há, no entanto, comentários reveladores, alguns dos quais consultei para escrever este livro. Teorias sobre o humor podem ser tão úteis quanto teorias sobre a poligamia ou a paranoia, desde que sejam marcadas por certa modéstia intelectual. Como qualquer hipótese frutífera, elas precisam reconhecer seus próprios limites. Sempre haverá casos anômalos, enigmas não decifrados, consequências estranhas, implicações inconvenientes e coisas assim. Teorias podem estar repletas de discrepâncias e ainda produzir resultados produtivos, do mesmo modo que a fotografia desfocada de alguém pode ser melhor que nenhuma fotografia e que alguns trabalhos precisam ser feitos, mesmo que mal. O incomparável William Hazlitt citou o autor Isaac Barrow, que observou que o humor é "versátil e multiforme", um fenômeno para o qual é impossível qualquer definição exaustiva:

> Às vezes ele está localizado em uma pergunta maliciosa, uma resposta espertinha, um raciocínio esquisito, uma insinuação sagaz, uma objeção destramente evasiva ou habilmente restauradora; às vezes, está disfarçado em um ousado esquema oratório, uma ironia ácida, uma hipérbole robusta, uma metáfora surpreendente, uma reconciliação plausível de contradições, um nonsense aguçado [...] um olhar ou gesto mímico podem se passar por ele; a simplicidade fingida ou a franqueza presunçosa às vezes podem gerá-lo; às vezes, ele surge da descoberta casual de algo estranho; às vezes, da hábil condução de uma questão até seu propósito; frequentemente, consiste em algo que ninguém sabe o que é e surge de modo que ninguém pode prever [...]. Ele é, em resumo, uma maneira de falar de modo simples e claro [...] que, por uma rudeza bastante surpreendente de conceito ou expressão, afeta e diverte, transformando o refinamento em maravilha e delícia.[2]

PREFÁCIO

Somente um teórico muito tolo tentaria espremer tudo isso em uma única fórmula. Mesmo assim, o humor, como a poesia, não é apenas um enigma. É possível dizer algo relativamente convincente e coerente sobre por que rimos, embora caiba ao leitor julgar se consegui fazer isso nas páginas que se seguem.

T. E.

2017

1

SOBRE O RISO

"Eles riram quando eu disse que queria ser comediante.
Bom, não estão rindo agora."

Bob Monkhouse

O riso é um fenômeno universal, o que não significa que seja uniforme. Em um ensaio intitulado "The Difficulty of Defining Comedy" ["A dificuldade de definir a comédia"], Samuel Johnson observa que, embora os seres humanos sejam sábios de muitas maneiras diferentes, eles sempre riem do mesmo modo, mas isso é duvidoso. O riso é uma língua composta por uma imensa variedade de dialetos: cacarejar, cachinar, grunhir, berrar, rugir, gritar, arquejar, trovejar, zurrar, ganir, bramir, piar, gargalhar, bufar, uivar, guinchar. É possível dar risadinhas, rir entredentes, em silêncio, sarcasticamente, nervosamente e assim por diante. O riso pode surgir em explosões, picos, tempestades, rajadas, ondulações ou torrentes, pode ser ensurdecedor, ressonante, fluido, serpeante ou lancinante. Há também diferentes maneiras de sorrir, de modo radiante, malicioso, desdenhoso, aberto, lascivo ou simplório. O sorriso é visual e o riso é primariamente aural, mas, quando T. S. Eliot escreve em *A terra desolada* sobre "uma risadinha de orelha a orelha", ele funde os dois fenômenos.

Gargalhar, rir entredentes e assim por diante denotam diferentes modos físicos de rir, envolvendo questões de volume, tom, compasso, forma, ritmo, timbre e duração. Mas o riso também pode expressar uma variedade de atitudes emocionais e ser alegre, sarcástico, dissimulado, estridente, afável, travesso, derrisório, desdenhoso, nervoso, aliviado, cínico, astuto, convencido, lascivo, incrédulo, constrangido, histérico, empático, tímido, chocado, agressivo ou sardônico, sem falar no riso puramente "social", que nem sempre expressa divertimento.[1] Na verdade, a maioria das formas de riso que listei tem pouca ou nenhuma relação com o humor. O riso pode ser um sinal de animação, e não diversão, embora seja mais provável que você ache as coisas engraçadas se já estiver se sentindo eufórico. Modos físicos e atitudes emocionais podem ser combinados de várias maneiras, de modo que você pode sorrir nervosa ou desdenhosamente, gargalhar de modo afável ou agressivo, dar risadinhas de surpresa ou deleite, rir de modo apreciativo ou desdenhoso e assim por diante.

Assim, o paradoxo é que, embora o riso em si seja puramente uma questão de significante — mero som sem sentido —, ele é socialmente codificado. É uma ocorrência física espontânea (ao menos na maioria das vezes), mas socialmente específica e, como tal, está no limiar entre natureza e cultura. Assim como a dança, o riso é uma linguagem do corpo (Descartes o chamou de "grito inarticulado e explosivo"),[2] embora o corpo também esteja enredado em significados mais conceituais. Mesmo assim, ele jamais está totalmente confortável nessa esfera mais rarefeita. Sempre há um excedente de bruta materialidade sobre o sentido, e é isso que grande parte do humor nos permite saborear. Ele também nos encoraja a aceitar essa incongruência como natural. A pantomina, em particular, tende a dramatizar essa fatídica colisão entre corpo e mente.

Como pura enunciação que não expressa nada além de si mesma, o riso, como o grito de um animal, não possui sentido intrínseco, mas, a despeito disso, está amplamente carregado de significado cultural. Nisso, apresenta parentesco com a música. Não somente o riso não tem significado inerente como, em sua forma mais desenfreada e convulsa, envolve a desintegração

SOBRE O RISO

do sentido, no momento em que o corpo reduz a fala de alguém a fragmentos e o id lança o ego em uma confusão temporária. Como ocorre com o luto, a dor extrema, o medo intenso ou a raiva cega, o riso verdadeiramente hilário envolve uma perda do autocontrole físico durante a qual o corpo fica por um instante perdido, e nós regredimos ao estado descoordenado de um bebê. Trata-se, bastante literalmente, de um distúrbio corporal. Veremos que essa é uma das razões pelas quais o riso excessivo foi muitas vezes censurado como politicamente perigoso. Há algo alarmantemente animal nessa atividade e no tipo de ruído (piar, zurrar, cacarejar, relinchar, bramir) que ela envolve. Ela também traz à mente nossa afinidade com outros animais — o que com certeza é irônico, uma vez que eles não riem, ao menos não de modo conspícuo.[3] Nesse sentido, o riso é ao mesmo tempo animal e distintivamente humano, uma imitação do ruído das bestas, mas bastante não bestial em si. É também, claro, um dos mais comuns e disseminados prazeres humanos. Em *O livro do riso e do esquecimento*, Milan Kundera cita a feminista francesa Annie Leclerc: "Explosões repetidas, velozes, desatreladas de riso, magnífico riso, suntuoso e insano [...] o riso de prazer sensual, o prazer sensual de rir; rir é viver profundamente."

Assim, o riso significa, mas também envolve a ruptura da significação em puro som, espasmo, ritmo e respiração. É difícil formar sentenças impecáveis quando se está rolando de rir. A perturbação do significado coerente encontrada em tantas piadas é refletida na natureza desintegradora do próprio riso. Esse transtorno temporário do significado é mais óbvio no absurdo e no nonsense, na estupidez ou no surrealismo de qualquer forma, mas é provavelmente um aspecto de toda comédia efetiva. Em certo sentido, o riso representa o colapso ou a interrupção momentânea do domínio simbólico — da esfera do significado ordenado e articulado —, mas, em outro, jamais deixa de se apoiar nele. Afinal, em geral rimos de algum objeto, evento, enunciado ou situação, a menos que estejamos simplesmente sentindo cócegas, lutando contra a depressão ou registrando nosso prazer com a companhia de alguém, e isso envolve a mobilização de conceitos, sendo uma das razões pelas quais alguns comentadores afirmaram que animais não linguísticos não riem. O riso é uma forma de enunciado que surge diretamente das profundezas libidinais do corpo, mas tem também uma dimensão cognitiva. Como a fúria ou a inveja, envolve crenças e suposições. De fato, como veremos, algumas formas de humor são primariamente intelectuais. A espirituosidade, por exemplo. A pantomina pode converter a ação humana em mero movimento físico, mas mesmo ela depende do movimento em um mundo de significados. Bebês sorriem quase desde o nascimento, mas o riso só surge por volta do terceiro ou quarto mês, talvez porque precise engajar a mente.

É verdade que o riso pode coletar um *momentum* incontrolável por si mesmo, de modo que, após algum tempo, já não sabemos mais ao certo do que estamos rindo ou simplesmente rimos do fato de estarmos rindo. É o que Milan Kundera, mais uma vez citando Annie Leclerc, chama de "riso tão risível que nos faz rir".[4] Há também o caso do riso contagiante, no qual rimos porque alguém ri, sem precisar saber o que o outro acha tão engraçado. Como com certas doenças, você pode pegar uma dose de riso sem estar certo de onde ela veio. Falando de modo geral, no entanto, o riso altera a relação da mente com o corpo sem suspendê-la por completo.

Vale notar o curioso fato de que isso também se aplica ao choro.[5] James Joyce falou, em *Finnegans Wake*, das *laughtears* [risadas-lágrimas], ao passo que seu compatriota Samuel Beckett escreveu, em *Molloy*, sobre uma mulher cujo cão acabara de morrer: "Achei que ela estava prestes a chorar, pois era a coisa a se fazer, mas, ao contrário, ela riu. Talvez fosse sua maneira de chorar. Ou talvez eu estivesse enganado e ela realmente estivesse chorando com ruídos de riso. Lágrimas e risadas são como gaélico para mim." De fato, riso e choro nem sempre são fáceis de distinguir. Charles Darwin indicou, em seu estudo sobre as emoções, que o riso pode facilmente ser confundido com pesar, e ambos os estados podem envolver copiosas lágrimas. Em *O macaco nu*, o antropólogo Desmond Morris argumentou que o riso evoluiu do choro. Em resumo, o riso nem sempre é motivo de riso. Houve até mesmo epidemias letais de riso na China, África, Sibéria e em outros lugares, paroxismos histéricos nos quais supostamente milhares de

SOBRE O RISO

pessoas morreram. Em 1962, um desses surtos no que então era Tanganica imobilizou distritos escolares inteiros durante meses. Como estar fora de controle nunca é totalmente gratificante, o riso pode se tornar desprazeroso com facilidade. Samuel Johnson o definiu em seu *Dicionário* como "alegria convulsiva", o que nem sempre é uma experiência agradável. O mesmo vale para as cócegas, que são uma curiosa mistura de prazeroso e insuportável. Assim como ao assistir a um filme de terror, ficamos gratificados, agitados, empolgados e desconfortáveis, tudo ao mesmo tempo. Macacos que mostram os dentes no que parece ser um sorriso estão, na verdade, fazendo uma ameaça. Thomas Hobbes escreveu sobre o riso em *Leviatã* e o chamou de careta. Falamos de pessoas que gritam de tanto rir, ficam sem fôlego e ocasionalmente sofrem ataques cardíacos. Em uma mentira deslavada, o narrador de *A vida e as opiniões do cavalheiro Tristram Shandy*, de Laurence Sterne, diz que certa vez riu tanto que rompeu uma artéria e perdeu dois litros de sangue em duas horas. O romancista Anthony Trollope teve um derrame enquanto lia um romance cômico, um infortúnio pelo qual poucos de seus próprios leitores seriam atingidos.[6] A despeito de seus efeitos potencialmente calamitosos, o riso pode ser indicativo do progresso humano: apenas um animal que aprendeu a carregar objetos na mão, e não na boca, está livre para dar risadinhas.

Seria possível desenvolver uma semiótica do riso ou do sorriso, demonstrando como cada gênero de riso ou estilo de expressão facial tem lugar em um complexo sistema significante. É possível, em suma, tratar o riso como texto ou como língua com muitos sotaques regionais. Ingleses de classe alta, por exemplo, tendem mais a zurrar de rir que inglesas de classe média, mais dadas ao risinho tilintante. Há um estilo de riso em Belize que é improvável que se ouça em Belgravia. Generais tendem a não dar risadinhas nem papas a explodir em gargalhadas cacarejadas. Aqueles que se vestem de Papai Noel podem ter sorrisos amplos e radiantes, mas é desaconselhável que o façam de modo sarcástico. É difícil imaginar Arnold Schwarzenegger dando um sorrisinho afetado, embora seja bastante fácil visualizá-lo com um sorriso desdenhoso. O presidente do Banco Mundial pode rir com vontade, mas não histericamente.

A habilidade de avaliar tais modos e tons pertence ao que Aristóteles chamou de *frônese*, ou seja, nosso know-how prático, como saber quando o humor é apropriado ou não. Por exemplo, não devemos contar a piada sobre "O que é preto e branco e está de costas na sarjeta? Uma freira morta" para uma freira idosa rezando em uma catedral, como fez um de meus filhos quando tinha 5 anos. Eis outro exemplo de humor inapropriado:

Médico: Eu tenho uma boa notícia e uma má notícia.
Paciente: Primeiro a má notícia.
Médico: A má notícia é que você só tem três meses de vida.
Paciente: E a boa notícia?
Médico: A boa notícia é que estou indo para Mônaco com uma mulher incrivelmente bonita.

Sorrimos aqui por causa da discrepância entre a maneira brutalmente jocosa ou monstruosamente insensível pela qual o médico agiu e a maneira pela qual deveria agir, uma tensão que é apimentada por um toque de agradável sadismo de nossa parte à custa do desafortunado paciente. Ficamos satisfeitos com a imensa audácia do médico, seu deslavado descaso pela compaixão humana e pelo decoro profissional, o que nos permite satisfazer indiretamente nosso próprio e ilícito anseio de nos livrarmos de tais aborrecidas responsabilidades. Somos libertados, por alguns momentos, do fardo inconveniente da compaixão. O humor negro desse tipo alivia a culpa que podemos sentir por nosso deleite com os problemas alheios ao socializar esse deleite, fazendo com que assuma a forma de uma piada que partilhamos com nossos amigos e que, desse modo, se torna mais aceitável.

Também há algo de prazeroso no ato de rir da morte e, assim, ser capaz de brincar com nossa própria mortalidade. Pois fazer piadas a respeito da morte é reduzir sua importância e diminuir seu terrível poder sobre nós, como em outra piada de médico:

Paciente: Quanto tempo de vida eu tenho?

Médico: Dez.

Paciente: Dez o quê? Anos? Meses? Semanas?

Médico: Não, não. Dez, nove, oito, sete...

Confrontar nossa própria extinção de forma fictícia significa que o ego pode transcendê-la de maneira monumental, obtendo um breve gostinho de imortalidade. Isso lembra a vitória simbólica sobre a morte do avô de Woody Allen, que, como relatou de modo comovente seu neto, vendeu-lhe um relógio no leito de morte. O riso compensa um pouco nossa mortalidade, assim como nossas enfermidades de modo geral. De fato, Friedrich Nietzsche observou que o animal humano é o único que ri porque sofre terrivelmente e precisa imaginar esse desesperado paliativo para suas aflições. Mas o humor mórbido envolve mais que a negação da morte. Reduzir a morte com uma tirada casual é também soltar os cachorros contra ela pela inquietação que nos causa.

Há também a questão de nosso desejo inconsciente por aquilo que tememos. O que Freud chamou de *tânato* ou pulsão de morte pulveriza significado e valor e, desse modo, nos liga ao transtorno passageiro do juízo que conhecemos como humor. Como o humor, essa força dionisíaca embaralha os sentidos, confunde hierarquias, funde identidades, desfoca distinções e revela o colapso do significado — e é por isso que o carnaval, que também faz tudo isso, acontece não muito longe do cemitério. Ao remover a base de todas as distinções sociais, o carnaval afirma a absoluta igualdade de todas as coisas, mas, ao fazê-lo, aproxima-se perigosamente da visão excremental, reduzindo tudo à mesmice da merda. Se os corpos são intercambiáveis em uma orgia, também o são nas câmaras de gás. Nivelamento pela morte, poderíamos dizer. Dionísio é o deus da folia embriagada e do êxtase sexual, mas também precursor da morte e da destruição. A *jouissance* que ele promete pode se provar letal.

A piada do médico, então, nos concede um alívio momentâneo da necessidade de nos comportarmos com decoro e tratarmos os outros com consideração. Durante breves instantes, ela também permite que deixemos de nos angustiar com a perspectiva da morte. A noção de humor como forma de alívio constitui a base de uma visão extremamente influente chamada de teoria do alívio. O conde de Shaftesbury, um filósofo do século XVII, via a comédia como liberação de nosso espírito constrito, mas naturalmente livre, ao passo que Immanuel Kant, em sua *Crítica da faculdade do juízo*, falou do riso como "efeito resultante da súbita transformação de uma elevada expectativa em nada",[7] o que combina a teoria de alívio com o conceito de incongruidade. Fiel a essa abordagem, o filósofo vitoriano Herbert Spencer afirmou que "a hilaridade é causada pela golfada de sentimento prazeroso que se segue ao fim de uma tensão mental desprazerosa".[8]

Em *Os chistes e sua relação com o inconsciente*, Sigmund Freud argumentou que os chistes representam uma liberação da energia psíquica que normalmente investimos na manutenção de certas inibições socialmente essenciais.[9] Ao relaxarmos tal repressão superegoica, poupamos o esforço inconsciente que ela demanda e o gastamos na forma de piadas e risos. Trata-se de uma economia do humor, digamos assim. Nessa visão, a piada é um tabefe insolente no superego. Exultamos com essas escaramuças edipianas, mas a consciência e a racionalidade também são faculdades que respeitamos, de modo que há tensão entre ser responsável e passar dos limites. Em *Cursos de estética*, Hegel falou do absurdo como resultado da colisão entre um impulso sensual incontrolável e nosso alto senso de dever. É um conflito refletido em gargalhadas escandalosas, que, como já comentamos, podem ser tão alarmantes quanto prazerosas. Talvez a maioria das piadas revele um murmúrio inquieto de riso frente à perspectiva de rebaixar o Pai. Com medo de sermos punidos por tal insolência, nosso deleite em ver o patriarca destronado é pontuado por risadinhas nervosas de culpa, o que nos leva a rir ainda mais como defesa contra essa inquietação. Nosso riso é tenso porque tanto nos regozijamos com esse prazer ilícito quanto tememos suas consequências. É por isso que estremecemos ao mesmo tempo que rimos. A culpa, todavia, adiciona certo tempero ao nosso prazer. De todo modo, sabemos que essa conquista é totalmente provisória — e também uma vitória

SOBRE O RISO

nominal, pois uma piada, afinal, é apenas uma forma de linguagem. Como consequência, podemos satisfazer nossa iconoclastia e, ao mesmo tempo, mitigar nossa culpa por ela, seguros na crença de que o Pai (uma figura que, no fim das contas, amamos tanto quanto odiamos) não será permanentemente prejudicado por essa pequena insurreição. Sua abjeta perda de autoridade é puramente temporária. O mesmo se dá com a revolução fantasiosa do carnaval, no qual, após a diversão, o sol nascerá sobre milhares de garrafas vazias de bebida alcoólica, comidas semiconsumidas e virgindades perdidas, e a vida cotidiana será retomada, não sem certa ambígua sensação de alívio. Ou pense na comédia de teatro, na qual a plateia jamais duvida de que a ordem tão deliciosamente perturbada será restaurada, e talvez mesmo reforçada, por aquela transitória tentativa de desconsiderá-la, de modo que podemos misturar a seus prazeres anárquicos certa dose de autossatisfação conservadora. Como em *O alquimista,* de Ben Jonson; *Mansfield Park*, de Jane Austen; ou *O gato do chapéu*, do Dr. Seuss, podemos causar algum caos gloriosamente irresponsável enquanto a figura parental está ausente, mas ficaríamos devastados se essa figura jamais retornasse.

Freud argumentou que, nas piadas mais inócuas, o humor surge da liberação do impulso reprimido, ao passo que, nas obscenas ou abusivas, surge do relaxamento da própria repressão. Piadas blasfemas também permitem relaxar tais inibições, como naquela em que o papa e Bill Clinton morreram no mesmo dia. Por algum erro burocrático, Clinton foi despachado para o paraíso e o papa, para o inferno. Mas o erro foi rapidamente corrigido e os dois homens conseguiram ter uma breve conversa quando se cruzaram rumando em direções opostas, com o papa comentando como estava ansioso para conhecer a Virgem Maria e Clinton informando que agora era tarde.

Na visão de Freud, a própria forma prazerosa da piada (trocadilho, nonsense, associação absurda e assim por diante) pode levar o superego a relaxar a vigilância por um momento, o que dá ao anárquico id a oportunidade de empurrar o sentimento censurado para a frente. O "pré-prazer" da forma verbal da piada, como Freud o chamou, diminui nossas inibições e nos faz relaxar. Ao fazer isso, nos leva a aceitar o conteúdo sexual ou agressivo da piada, o que, de outro modo, poderíamos não estar prontos para fazer. Rir, nesse sentido, é uma falha da repressão; e, todavia, achamos engraçado porque reconhecemos a força da inibição no próprio ato de violá-la, de modo que, como indicou Sándor Ferenczi, um indivíduo totalmente virtuoso e um indivíduo totalmente vil não ririam. O primeiro não abrigaria sentimentos infames, para começar, e o segundo não reconheceria a força da proibição e, portanto, não sentiria nenhuma excitação em transgredi-la.[10] Como disse Freud, podemos ser menos morais do que gostaríamos, mas também somos mais morais do que imaginamos. Para a teoria do alívio, a piada, assim como o sintoma neurótico, é uma formação de compromisso, incorporando tanto o ato da repressão quanto o instinto sendo reprimido.

Assim, para Freud, a piada é uma desgarrada que serve a dois mestres ao mesmo tempo. Ela deve se curvar à autoridade do superego enquanto promove assiduamente os interesses do id. Na pequena insurreição do gracejo, podemos colher os prazeres da rebelião e simultaneamente negá-los, uma vez que, afinal, trata-se apenas de uma piada. Como Olívia comenta em *Noite de Reis*, não há dano em um Bobo autorizado. Ao contrário, o bufão licenciado que ignora as convenções sociais é, em si mesmo, uma figura totalmente convencional. De fato, sua irreverência pode terminar reforçando as normas sociais ao demonstrar quão notavelmente resilientes elas são, quão bem-humoradamente capazes de sobreviver a qualquer quantidade de zombaria. A ordem social mais durável é aquela segura o bastante para não apenas tolerar os desvios, mas encorajá-los ativamente.

Uma boa dose de humor envolve o que Freud conhecia como dessublimação. As energias que investimos em algum nobre ideal ou exaltado alter ego são liberadas como riso quando são rudemente colapsadas. Como manter tais ideais envolve certo grau de tensão psicológica, não ter de fazer isso pode ser gratificante. Estamos livres para manter uma face moral respeitável enquanto colhemos os deliciosos frutos de sermos abertamente grosseiros, cínicos, egoístas, obtusos, insultantes, moralmente indolentes, emocionalmente anestesiados e ultrajantemente autoindulgentes. Mas também podemos ser prazerosamente liberados das exigências do próprio sentido,

SOBRE O RISO

o que Freud chamou de "compulsão da lógica", um processo que impõe indesejadas restrições ao indomável subconsciente. Donde nosso deleite no surreal e no absurdo, em um mundo no qual tudo é possível, como (em um episódio de *The Goon Show*, da Rádio BBC) no astuto estratagema de fazer flutuar para longe das Ilhas Britânicas uma réplica de papelão em tamanho real das ilhas, a fim de enganar os bombardeiros alemães durante a Segunda Guerra Mundial. O filósofo do século XIX Alexander Bain falou da "postura de artificial e contida seriedade exigida pelas graves necessidades da vida",[11] restrições das quais um vitoriano como ele devia estar muito consciente; e é essa postura solene em relação ao mundo que o humor nos permite descartar por um instante. A vida cotidiana envolve certo número de ficções polidas: a de que temos extremo interesse na saúde e no bem--estar de nossos conhecidos mais distantes, jamais pensamos em sexo por um único momento, estamos totalmente familiarizados com a última obra de Schoenberg e assim por diante. É prazeroso retirar a máscara por um instante e iniciar uma cômica solidariedade de fraquezas. Bain prossegue, combinando essa teoria do alívio a uma versão da tese da superioridade, que investigaremos mais tarde. Se gostamos de ver os altaneiros serem rebaixados, uma deflação que nos permite relaxar certa tensão psicológica, é porque podemos agora ser condescendentes com aqueles que antes nos intimidavam. Veremos mais tarde que vários teóricos combinaram diferentes teorias do humor dessa maneira.

No mesmo espírito, Sándor Ferenczi observou que "permanecer sério é uma repressão bem-sucedida".[12] Gracejar, portanto, é um breve descanso da moderada opressão do significado cotidiano, que é, em si mesmo, uma forma de sublimação. A construção da realidade social é um negócio cansativo que exige esforço prolongado, e o humor nos permite relaxar nossos músculos mentais. É como se, por baixo de nossas faculdades mais racionais, existisse um subtexto mais sombrio, desgrenhado e cínico que acompanha nosso comportamento social convencional em todos os momentos e que, ocasionalmente, emerge na forma de loucura, criminalidade, fantasias eróticas ou em um exuberante jorro de espirituosidade. É um subtexto que invade o mundo iluminado em larga escala em formas literárias como a ficção gótica. Também podemos pensar na esquete de Monty Python na qual um lojista atendendo obsequiosamente um cliente inicia sem mais nem menos um fluxo de palavras abusivas antes de retomar seu costumeiro self respeitoso. Em contrapartida, há formas de humor que são mais exemplos de repressão que de resistência a ela. O humor bom, limpo, cordial, por exemplo. Pilhérias de escoteiros e zombarias masculinas em geral são formas ansiosas e agressivas de evitar sentimentos sutis e complexidades psicológicas, que representam uma ameaça ao mundo de socos no ombro e tambores ressoando enquanto se caminha de dorso nu pelas profundezas da floresta.

O que Bain percebeu, à sua maneira pré-freudiana, foi que a manutenção da realidade cotidiana nos exige uma repressão contínua. É como se fôssemos atores em nossos papéis sociais convencionais, aderindo com seriedade a personagens meticulosamente escritos, mas prontos para, à menor banalidade ou tropeço, dissolver em risadas infantis e estrondosamente irresponsáveis por causa da profunda arbitrariedade e absurdidade de toda a charada. O significado em si envolve certo grau de tensão física, dependendo de possibilidades excludentes que surgem do inconsciente. Se o excremento desempenha papel-chave na comédia, é em parte porque a merda é o próprio modelo da falta de significado, nivelando todas as distinções de sentido e valor à mesma coisa infinitamente idêntica a si mesma. A linha entre comédia e cinismo pode ser assustadoramente tênue. Ver tudo como merda pode representar uma abençoada emancipação da rigorosa hierarquia e do terrorismo dos ideais elevados, mas também se aproxima angustiantemente de um campo de concentração. Se o humor pode desinflar o pomposo e o pretensioso em nome de uma concepção mais viável de dignidade humana, ele também pode atingir, à maneira de Iago, a própria noção de valor, que, por sua vez, depende da possibilidade de significado.

Leve em conta, por exemplo, a história do operário cujo trabalho é puxar uma alavanca a cada poucos minutos. Após muitos anos realizando a tarefa, ele descobre que a alavanca não está conectada a nada e, como resultado, sofre um profundo colapso. Um dos aspectos mais perturbadores dessa anedota

SOBRE O RISO

é o fato de ela ser meio engraçada. Livres do fardo do significado, achamos graça no absurdo da situação, ao mesmo tempo que ficamos horrorizados com ele. A futilidade é tanto atraente quanto estarrecedora. Ou pense na história do grupo de pacientes em um hospital psiquiátrico que decide cometer suicídio coletivo. Como não há pílulas ou armas à mão, um dos membros do grupo fica de pé sobre uma poça d'água e coloca os dedos em um soquete, enquanto os outros o tocam e um deles aperta o interruptor. Essa história também tem um aspecto sombriamente interessante. Ficamos chocados com o sofrimento que levou aqueles homens e mulheres a tal ato de extremo desespero, mas ao mesmo tempo suprimimos um sorriso irônico perante o ridículo da situação. A morte, envolvida como está em portentosa significância, é momentaneamente desarmada, reduzida a uma pantomina beckettiana, de modo que a energia que investimos em reprimir a nossa própria mortalidade pode ser descarregada em riso. Em ambos os casos, o humor envolve brutal desprezo pelo valor humano, valor este que, mesmo assim, continuamos a prezar. Podemos mergulhar na irracionalidade durante um abençoado momento, sem termos de arcar com suas consequências mais assustadoras. Se, todavia, ficamos satisfeitos com esses golpes contra o superego, é em parte porque (embora ambos os incidentes tenham de fato ocorrido) estamos na presença de uma peça de linguagem, e não da coisa real. Ao mesmo tempo, como argumentou Freud em um ensaio sobre o humor, o superego pode se apiedar do ego e reforçar seu narcisismo. Pode se dirigir a ele em tons consoladores, assegurando sua invulnerabilidade ao indicar que não há necessidade de sentir ansiedade, pois, afinal de contas, o mundo é apenas uma piada.[13]

Pinotear contra a tirania do que Freud chamou de princípio da realidade, como as piadas parecem fazer, nos concede certa satisfação infantil, pois regressamos a uma condição que antecede as zelosamente impostas divisões e precisões da ordem simbólica e somos capazes de jogar para o alto a lógica, a congruidade e a linearidade. A falha da coordenação física induzida pelo riso intenso é um sinal externo dessa reversão ao desamparo primário. O humor faz pelos adultos o que a brincadeira faz pelas crianças,

26 HUMOR

a saber, libera-os do despotismo do princípio da realidade e concede certa liberdade escrupulosamente regrada ao princípio do prazer. Bebês e crianças podem não ser espirituosos nem mestres do chiste oportuno, mas se deliciam com a patetice e o nonsense, assim como com o tipo de balbucio que, mais tarde, pode se transformar tanto em poesia ("música da boca", como Seamus Heaney a chamou) quanto em humor surreal. Mas não conhecem o tipo de comédia que depende do desvio das normas estabelecidas, uma vez que ainda não compreendem tais normas. Você não pode se desfamiliarizar de uma situação e assim provocar um sorriso quando tudo ainda é maravilhosamente desconhecido.

Se o carnaval coloca tudo de cabeça para baixo, a sexualidade também manifesta esse movimento bathético entre o sublime e o ridículo, reduzindo o idealismo ao nível prosaico dos sentidos. Essa é, sem dúvida, uma das razões pelas quais a sexualidade é sempre uma fonte confiável de humor, junto ao fato de que, na província dos assuntos humanos, a repressão é particularmente robusta, e sua liberação, correspondentemente prazerosa. Como o humor envolve uma gratificante liberação da tensão que imita o orgasmo, mesmo suas variedades não sexuais têm leves pinceladas sexuais. A sexualidade é uma questão de desejo sexual, mas também de signos e valores e, como consequência, existe na fronteira entre o somático e o semiótico. Presa entre o romance e a comédia, entre significado demais e de menos, ela é um fenômeno inerentemente ambíguo. Poucas atividades humanas são ao mesmo tempo tão exóticas e tão banalmente previsíveis. Como podem alguns centímetros de carne ou algumas estocadas negligentes da pelve lançar mil navios ao mar? Como a questão de quem copula com quem, poderia se perguntar um observador de Alpha Centauri, pode ser algo pelo qual homens e mulheres uivam, choram e matam?

Nada é mais central à comédia tradicional que o casamento, no qual o somático e o semiótico são idealmente um só, uma vez que a união de dois corpos se torna o meio de união de duas almas. E, todavia, comédias como *Sonho de uma noite de verão*, de Shakespeare, também nos alertam para o status arbitrário dessas afinidades, que poderiam ser diferentes e, algumas cenas atrás, de fato eram. Corpo e espírito não se unem tão docilmente. Se Puck é um espírito inquieto demais, a rude mecânica da coisa é corpo sólido demais. Algo parecido pode ser dito da polaridade entre Ariel e Calibã em *A tempestade*. Há uma fissura no coração da humanidade, e essa fissura não pode ser facilmente consertada por um final feliz. Natureza e cultura se encontram na sexualidade, mas tal encontro nem sempre é tranquilo. Talvez por essa razão, existe um elemento instável e inassimilável em certas comédias, como o intratável Malvólio, que se recusa a participar das festividades, a fim de nos lembrar da natureza fictícia e puramente convencional de resoluções que, de outro modo, poderiam parecer providenciais.

Matthew Bevis afirmou que a criatura humana é "um animal que acha sua própria animalidade repreensível ou engraçada", e escreveu espirituosamente sobre "o duplo ato que somos".[14] Para Jonathan Swift, uma certa comédia grotesca ou bathética está inserida no contraditório amálgama de corpo e espírito que conhecemos como humanidade. "Todos os homens são necessariamente cômicos", comentou Wyndham Lewis, "pois todos eles são *coisas*, ou corpos físicos, comportando-se como *pessoas*".[15] "Por fim, o que é engraçado", afirmou Simon Critchley, "é o fato de ter um corpo"[16] — mais precisamente, poderíamos alegar, a incongruidade envolvida em não exatamente ter um corpo e não exatamente ser um corpo. Somos, em resumo, criaturas cômicas antes mesmo de termos feito uma piada, e uma boa dose de humor explora essa fissura ou autodivisão em nossa constituição. "O objetivo de uma piada", observou George Orwell, "não é degradar o ser humano, mas lembrá-lo de que ele já é degradado".[17] Quando se trata do animal linguístico, a incongruidade é total. Como podemos objetivar nossa animalidade, mas não nos separarmos dela, certa ironia é estrutural à espécie humana. Negar nossa existência animal por completo seria uma forma de loucura, assim como ilustrado por Gulliver ao fim do romance de Swift, mas não ser nada além de um corpo é ser um yahoo. Somos constituídos de uma maneira que nos permite ir além de nossos próprios limites corpóreos, uma condição mais comumente conhecida como fazer história. Assim, pertencemos a nossos próprios corpos de um jeito que nos permite

28 HUMOR

colocá-los a certa distância, o que não é verdadeiro nem mesmo no caso da mais esperta das lesmas.

O *bathos* — uma rolagem muito súbita do exaltado para o cotidiano — envolve tanto alívio quanto incongruidade; e a incongruidade, como veremos, jaz no cerne da mais popular teoria sobre o funcionamento do humor. Idealizar envolve certo esforço psicológico, que é gratificante descarregar na forma de riso. O *bathos* certamente não é a única maneira de obter tal alívio psíquico. Para a teoria do alívio, todo humor envolve esse efeito de deflação, como no ímpeto de dessublimação que economizamos na energia investida em questões sérias, ou na repressão de certos desejos ilícitos, e despendemos, em vez disso, na forma de riso. Mesmo assim, o bathético é especialmente marcado na comédia britânica, também por causa da insistência do sistema de classes. Comediantes britânicos lendários como Tony Hancock, Frankie Howerd e Kenneth Williams trabalham com mudanças súbitas e indecorosas do tom civilizado da classe média culta para o rude idioma do populacho. É como se tais cômicos contivessem classes sociais opostas em suas próprias pessoas e, assim, fossem uma espécie de conflito de classes ambulante. Humilhar ligeiramente os grã-finos é um familiar passatempo britânico, que combina o impulso satírico da nação com sua tendência à autodepreciação. O humor inglês costuma girar em torno de um conflito de classes culturais. Isso me faz pensar na competição "Resuma Proust", do Monty Python, um popular jogo televisivo no qual os competidores têm dois minutos para resumir o enredo do romance de 3 mil páginas de Proust, primeiro em trajes de gala e depois em roupas de banho.

Por razões sociais bastante diferentes, o *bathos* também é um mecanismo-chave do humor irlandês. Uma sociedade com um rico legado de arte antiga, aprendizado monástico e pensamento escolástico tende a ser peculiarmente consciente da distância entre essa cultura erudita e as condições da vida cotidiana em uma colônia miseravelmente atrasada. É assim que o livro *As viagens de Gulliver*, do anglo-irlandês Jonathan Swift, oscila entre os absurdamente nobres houyhnhnms e os bestiais e recobertos de fezes yahoos, não permitindo ao leitor nenhum meio-termo normativo. Em suas *Reflexões sobre o riso*, o filósofo norte-irlandês do século XVIII Francis Hutcheson defendeu que grande parte do humor surge do incongruente encontro entre grandiosidade e profanidade, ou dignidade e vilania, que ele exaltou como sendo a própria alma do burlesco. Acredito que ele tivesse a paródia cômica, e não o striptease, em mente. *A vida e as opiniões do cavalheiro Tristram Shandy*, de Laurence Sterne, contrapõe o patologicamente racional Walter Shandy, que é mente absoluta, ao filho Tristram, que é todo corpo. W. B. Yeats coloca Jane, a Louca contra o Bispo, a vitalidade carnavalesca da camponesa contra uma asfixiante espiritualidade ortodoxa. *Ulysses*, de James Joyce, divide-se entre as esotéricas meditações de Stephen Dedalus e as mundanas reflexões de Leopold Bloom.

Em *Esperando Godot*, de Samuel Beckett, uma venerável tradição escolástica é estilhaçada perante nossos olhos e reduzida, na obscura fala de Pozzo, a uma pilha de fragmentos. A ficção de Flann O'Brien joga a especulação metafísica obscura contra as surradas platitudes da conversa de bar. Na Irlanda de hoje, basta usar a frase "o *Eagle* de *Skibbereen*" para evocar uma sensação de *bathos*. Skibbereen é uma cidade sem nada de notável no condado de Cork cujo jornal, o *Eagle*, assegurou solenemente a seus leitores, em um editorial ao fim da Primeira Guerra Mundial, que estava "de olho no Tratado de Versalhes". Pequenas nações com história de dificuldades tendem a achar especialmente divertidos os habitantes que se acham mais importantes do que são.

Mas o *bathos* tem um significado mais profundo. Escrevendo sobre o crítico William Empson, Christopher Norris argumentou que os termos-chave que ele investigou em *The Structure of Complex Words* [A estrutura das palavras complexas] ("tolo", "cachorro", "honesto" e assim por diante) desempenham papel significativo na geração de "uma qualidade prática de saudável ceticismo que [...] permite que seus usuários tenham certa confiança na natureza humana a partir do conhecimento partilhado de suas necessidades e consequentes fraquezas".[18] Essa é, com efeito, uma descrição do espírito cômico. Mas é também um relato do que, em outro trecho, Empson chamou de pastoral, uma maneira de ver que considera o complexo e o sofisticado como estando contidos no comum. Nessa visão, pastoral significa, entre outras coisas, uma ampla sabedoria plebeia que sabe quando não esperar demais dos outros. Você pode amar e admirar os valores humanos "elevados" da verdade, da beleza e da coragem, mas não deve ficar excessivamente decepcionado se homens e mulheres não conseguirem estar à altura desses ideais sublimes nem deve aterrorizá-los com tais noções de maneira que a fraqueza deles se torne dolorosa. Assim, a sensibilidade pastoral tem algo em comum com o "bom senso" de Antonio Gramsci, a sabedoria prática e rotineira daqueles que, mais familiarizados com o mundo material que seus superiores, têm menos probabilidade de serem confundidos por floreios de retórica. "Os mais refinados desejos", comentou Empson no sentido tanto pastoral quanto freudiano, "são inerentes aos mais comuns, e seriam falsos se não fossem".[19] Alguns indivíduos, reconheceu ele, são mais sutis e delicados que outros, e essa necessidade não importa; de fato, pode ser um enriquecimento positivo, desde que tais distinções não causem dano social. Mas as mais sedutoras sutilezas, as mais deslumbrantes exibições de heroísmo, virtude e intelecto, são pobres se comparadas a nossa humanidade comum, e, sempre que formos forçados a escolher, é melhor escolher a última. É assim que *bathos* deixa de ser um mero tropo cômico e se torna uma visão moral e política.

Em *O livro do riso e do esquecimento*, o romancista tcheco Milan Kundera contrastou o que chamou de visões angélica e demoníaca da existência humana. O angélico vê o mundo como ordeiro, harmônico e repleto de significado. No reino dos anjos, tudo é instantânea e opressivamente significativo, e nenhuma sombra de ambiguidade pode ser tolerada. Toda a realidade é melancolicamente legível e inteligível. Como no caso dos paranoicos, não há lugar para o aleatório ou contingente. O que quer que aconteça se dá por necessidade, como parte de alguma grande narrativa na qual toda característica da existência tem função designada. Nada é negativo, errado, deficiente ou disfuncional; em vez disso, nessa anódina visão angélica, a humanidade marcha sorrindo em direção ao futuro, gritando "Viva a vida!". Há um modo

SOBRE O RISO

civilizado de rir associado a essa maneira de ver: o regozijo perante quão simétrico, significativo e sabiamente concebido é o mundo. Entre outras coisas, é o mundo do dogma soviético no qual Kundera passou as décadas iniciais de sua vida, embora também apresente marcada semelhança com a ideologia americana contemporânea, com seu otimismo compulsivo e sua visão você-pode-ser-tudo-que-quiser da realidade. Nesse reino eufórico, não há catástrofe, simplesmente desafios. O discurso ao qual ele dá origem é o que Kundera chama de "sem merda", ao passo que o demoníaco é cheio dela. Como já vimos, o discurso demoníaco se regozija com a visão de um mundo purgado de significado e valor, no qual tudo é excrementalmente indistinguível do restante. Se o angélico sofre de um excesso de significado, o demoníaco é afligido pela falta dele.

Mesmo assim, o demoníaco tem certa utilidade. Seu papel na existência social é perturbar as certezas anódinas do angélico ao fazer o papel da areia na ostra, da falha no mecanismo, do fator perverso e refratário em qualquer ordem social. Como tal, ele tem certa afinidade com o Real lacaniano. O demoníaco é a risada zombeteira que desinfla as pretensões do angélico, perfurando sua pomposidade. É, como comenta o próprio Diabo em *Os irmãos Karamazov*, de Dostoievski, o elemento rebelde e errático que impede que o mundo desabe sob o peso de sua própria e sufocante insipidez. Seu papel, diz o Diabo a Ivan Karamazov, é agir como forma de atrito ou negatividade no interior da criação divina, impedindo que ela desvaneça em função do puro tédio. Sem ele, o mundo seria "nada além de hosanas". Se esse fator desviante fosse eliminado, a ordem cósmica seria rompida e daria fim a tudo. Os demônios são desconstrucionistas naturais.

O humor dessa natureza é o divertimento que surge das coisas fora de ordem, estranhas ou não familiares, privadas por um momento de seu papel designado no esquema geral. Rimos quando algum fenômeno parece subitamente fora de lugar, quando as coisas saem dos trilhos ou dos eixos. Tal comédia representa um descanso momentâneo da legibilidade tirânica do mundo, um reino de inocência perdida anterior a nossa calamitosa queda no significado. Ela perturba o equilíbrio do universo, como na piada ou na espirituosidade espontânea, ou o destitui totalmente de significado coerente, como no caso do estúpido, do fantástico, do absurdo ou do surreal. O som literalmente sem sentido da risada encena essa hemorragia de sentido. Não surpreende, portanto, que o demoníaco seja tantas vezes associado ao humor, que o inferno tradicionalmente ressoe com risadas e gargalhadas obscenas das almas perdidas que acreditam terem visto através do valor humano e exposto a fraude pomposa em que ele consiste. Thomas Mann falou dessa risada em *Doutor Fausto* como "ânimo luciferiano sardônico", a "alegria infernal" de "gritar, guinchar, vociferar, uivar, berrar [...] o zombeteiro e exultante riso do inferno".[20] Demoníaco *versus* angélico é Iago contra Otelo ou o Satã de Milton fervendo de raiva contra uma burocrática deidade. "O riso é satânico", escreveu Charles Baudelaire, "e, portanto, profundamente humano".[21] Os demônios não conseguem suprimir um espasmo de incrédulo riso perante a profunda ingenuidade de homens e mulheres, sua patética ansiedade em acreditar que seus gratuitos e efêmeros significados e valores são sólidos como ferros de passar.

Em um inovador estudo sobre a comédia, Alenka Zupančič vê as piadas como microcosmos da "paradoxal e contingente constituição de nosso mundo".[22] O que elas fazem é nos deixar mais conscientes da arriscada e instável natureza de nossa construção de sentido. Elas são, por assim dizer, a verdade oculta da ordem simbólica da linguagem, com sua versão racional e aparentemente natural da realidade. Os significantes que constituem essa ordem são, na verdade, marcas e sons arbitrários que, para funcionar efetivamente, precisam ser flexíveis, ambíguos e fluidos o bastante para serem combinados de várias maneiras, incluindo as absurdas e ultrajantes. O que cria sentido, então, deve logicamente criar nonsense. Um é condição indispensável do outro. Zupančič falou do "nonsense universal como pressuposição de todo sentido".[23] Também para Freud, é na falta de significado que jaz a raiz do significado. "O valor da piada", escreveu Jacques Lacan, "é sua possiblidade de jogar com o fundamental nonsense de todos os usos do sentido".[24] As piadas permitem que a natureza contingencialmente construída da realidade social saia da caixa e, como consequência, revelam sua fragilidade.

SOBRE O RISO

"Em certo nível", comentou Zupančič, "há uma dimensão de precariedade e fundamental incerteza em nosso próprio mundo que é articulada ou se manifesta em cada piada."[25] Pode-se dizer o mesmo da ordem simbólica, vista como estrutura ordenada de papéis afins e cuja combinação apropriada é governada por um conjunto de regras. É da natureza de tal ordem que, para funcionar de modo adequado, ela também seja capaz de funcionar inadequadamente. As leis que a regulam podem dar origem a permutações legítimas de papéis, mas também a ilegítimas, como o incesto.

Essa instabilidade do significado social provavelmente é mais óbvia para um outsider. É assim que, de Congreve, Farquhar, Steele, Macklin e Goldsmith a Sheridan, Wilde, Shaw e Behan, a comédia inglesa de palco foi dominada por uma linhagem de emigrados irlandeses, escritores que chegaram à metrópole inglesa com pouco além de sua astúcia para vender e empregaram de maneira frutífera e dramática seu status híbrido como insiders/outsiders. Como falantes de inglês, vários deles de ascendência anglo-irlandesa, eles eram suficientemente proficientes nas convenções do continente para dominá-las com sucesso, e ao mesmo tempo suficientemente estranhos a elas para observar de modo satírico seus absurdos. Suposições que poderiam parecer autoevidentes para os ingleses lhes seriam flagrante-mente artificiais, e a arte cômica era colhida dessa discrepância. O conflito entre natureza e artifício é um tema cômico comum, e poucos estavam mais bem-posicionados para sentir suas vibrações do que aqueles autores irlandeses que frequentavam clubes e cafeterias ingleses sem jamais sentir que eram muito mais do que hóspedes dos literatos londrinos.

Que a comédia existe para perturbar, então, é o cosmos, no sentido do mundo visto como todo racional, virtuoso, belo e ordenado. Em certo sentido, é irônico que seja assim, dado que uma expressão como *A divina comédia* significa justamente essa visão.[26] Como veremos, a comédia, no sentido metafísico do termo, reflete a quase mística garantia de que, a des-peito das aparências em contrário, tudo está fundamentalmente bem com a humanidade. O Novo Testamento é um documento cômico nesse sentido, embora esteja consciente de que o preço de tal fé é assustadoramente alto. É nada menos que morte e autodespossessão. A comédia de palco preserva um senso de ordem e design no nível da forma, ao mesmo tempo que questiona essa simetria em seu conteúdo desordenado. É como se a forma fosse utópica ou angélica, ao passo que o conteúdo é satírico ou demoníaco. No fim, a comédia tende a guinar do último para o primeiro. A ação pode girar em torno de uma crise da ordem simbólica, mas seu objetivo final é reparar, restaurar e reconciliar. É assim que a comédia como crise dá lugar à comédia como cosmos. O angélico se segue ao demoníaco, embora não sem esforço.

Finalmente, podemos nos voltar para o maior dos filósofos modernos da comédia, o erudito russo Mikhail Bakhtin, cuja obra inovadora sobre o assunto, *A cultura popular na Idade Média e no Renascimento: o contexto de François Rabelais*, foi escrita nas profundezas da era stalinista. De fato, foi escrita, entre outras coisas, como crítica codificada do regime, uma dissidência que acabaria levando o autor ao exílio. Aos olhos de Bakhtin, o riso é não apenas uma resposta aos eventos cômicos, mas uma forma distinta de conhecimento. Ele "tem profundo significado filosófico", escreveu ele,

> e é uma das formas essenciais de verdade no que concerne ao mundo como um todo, a história e o homem; é um ponto de vista relativo do mundo; o mundo é visto de uma maneira nova, não menos (e talvez mais) profundamente do que quando visto da perspectiva séria. Como consequência, o riso é tão admissível na grande literatura, apresentando problemas universais, quanto a seriedade. Certos aspectos essenciais do mundo só são acessíveis através do riso.[27]

Como uma obra de arte efetiva, a comédia ilumina o mundo de um ângulo distinto, e o faz de uma maneira que nenhuma outra prática social pode fazer.

O gênero de arte cômica que Bakhtin tinha em mente era o humor carnavalesco, que examinaremos em detalhes mais tarde. O carnaval, a seus olhos, é não somente uma forma de festa popular, mas também uma visão de mundo na qual o riso carnavalesco, por assim dizer, é a linguagem articulada. É uma língua que, nos termos de Bakhtin, é tanto filosófica quanto universal. Ele afirmou que, na Europa pós-Renascimento, a verdade essencial do mundo e da humanidade já não podia ser expressada nesse idioma alegre, pois a Europa se tornara adepta do discurso doutrinário "sério". O idioma também foi eliminado do culto formal e da ideologia da era medieval, alojando-se, em vez disso, na subcultura informal do carnaval. "Os aspectos sérios da cultura de classe", escreveu Bakhtin, "são oficiais e autoritários; eles são combinados a violência, proibições, limitações e sempre contêm um elemento de medo e intimidação. Esses elementos prevaleceram na Idade Média. O riso, ao contrário, supera o medo, pois não conhece inibições nem limitações. Seu idioma nunca é usado pela violência e pela autoridade."[28]

Nessa idealização ingênua das diversões populares, Bakhtin parece ter esquecido a função tradicional do pão e do circo. Ele também ignora alegremente os espetáculos televisivos e os comediantes de direita. O riso carnavalesco, exulta ele, é "a derrota do poder divino e humano, dos comandos e proibições autoritários, da morte e da punição após a morte, do inferno e de tudo que é mais aterrorizante que a própria terra [...]. A aguda consciência da vitória sobre o medo é um elemento essencial do riso medieval [...]. Tudo que era aterrorizador se torna grotesco".[29] Tal comédia, essencialmente política, assinala "a derrota do poder, dos reis terrenos, das classes superiores, de tudo que oprime e restringe".[30] Ela está ligada "ao ato da procriação, ao nascimento, à renovação, à fertilidade e à abundância".[31] "Para o parodista medieval", observou Bakhtin em seu estilo altamente hiperbólico,

tudo, sem exceção, era cômico. O riso era tão universal quanto a seriedade; ele era dirigido ao mundo todo, à história, a todas as sociedades, à ideologia. Era a segunda verdade do mundo, estendida a tudo e da qual nada estava isento. Era, como fora antes, o aspecto festivo do mundo em todos os seus elementos, a segunda revelação do mundo em brincadeira e riso.[32]

O cômico e o sério são modos conflitantes de cognição, versões opostas da natureza da realidade, e não apenas humores alternativos ou modos discursivos.

Como o carnaval é estritamente uma ocasião episódica, as vitórias das quais Bakhtin fala com tanto gosto são, na verdade, inconsistentes. Mesmo assim, o intrigante em sua teoria do riso é o fato de tratar o carnaval, aparentemente o mais fantasioso dos eventos, como forma de realismo, tanto ética quanto epistemologicamente. O que nos dá acesso à verdade da realidade é uma extravagância. Como forma privilegiada de cognição, o riso carnavalesco vê o mundo como de fato é, em seu incessante crescimento, deterioração, fertilidade, mutabilidade, renascimento e renovação e, ao fazer isso, solapa os espuriamente eternos esquemas da ideologia oficial. Apenas o riso pode nos dar acesso à substância interna da realidade. Ele deve, insiste Bakhtin, "liberar a jubilosa verdade do mundo dos véus de sombrias mentiras, tecidos pela seriedade do medo, do sofrimento e da violência".[33] O romancista vitoriano George Meredith falou de modo bastante similar da comédia como remédio "para o veneno da ilusão".[34] Como tal humor, para Bakhtin, está ligado ao evento do carnaval, trata-se de um modo prático, e não contemplativo, de cognição. Somente o impetuoso espírito carnavalesco, jovial, destemido e livre, é audacioso o bastante para afirmar a realidade em todo seu caráter volátil, provisório, inacabado, instável e imprevisível e, assim, dispensar fundações sólidas, garantias metafísicas e significantes transcendentais. O "otimismo sóbrio" da visão cômica é o mundo desmistificado, purgado da ilusão ideológica, desmascarado como temporal, material e volúvel até as raízes.

Por que a mudança e a instabilidade deveriam ser consideradas preciosas em si mesmas, uma vez que podem se provar catastróficas, permanece incerto. Para Bakhtin, elas são simplesmente características inerentes da realidade, que qualquer epistemologia realista deve reconhecer como tal — embora ele não explique por que aquilo que é verdadeiro do ponto de vista epistemológico deveria ser aceito do ponto de vista ético. Muitos pensadores argumentaram que deveríamos agir contra a lógica da realidade, não cons-

SOBRE O RISO

pirar com ela. Mesmo assim, o elo entre comédia e realismo é sugestivo. O humor pode nos permitir relaxar o ímpeto de dominar e possuir e, desse modo, ver o objeto livres da compulsão do apetite e da necessidade. Ele já não tem significado e valor simplesmente como parte de algum projeto próprio. De fato, o corpo risonho é incapaz de tal agência. A comédia, como a reprodução mecânica de Walter Benjamin, dissipa a aura intimidante das coisas e, ao fazer isso, as aproxima; mas também bane qualquer afeto profundo e, nesse sentido, empurra-as para além do ponto no qual podemos compreendê-las sem referência a nossos próprios e clamorosos desejos e demandas. Nessa absolvição da prática imediata, o humor tem algo em comum com a arte.

Veremos mais tarde que o carnaval de Bakhtin pode ser violento e vituperioso, mas que sua agressividade está enredada em um espírito geral de afirmação e bem-estar. Entrementes, todavia, podemos nos voltar para uma teoria do humor muito diferente.

2

ZOMBADORES E ESCARNECEDORES

Se *bathos* descreve uma trajetória de cima para baixo, o mesmo faz a chamada teoria da superioridade do humor, embora em um sentido diferente. O argumento — de que o humor surge da gratificante percepção da fragilidade, estupidez ou absurdidade dos outros seres humanos — é antigo. Ele pode ser encontrado no Livro de Salomão, no qual Jeová ri das calamidades que reservou para os iníquos. Esse é um de vários exemplos de riso divino nas escrituras hebraicas, a maioria dos quais é desdenhosa, e não afável. Há também uma tradição agostiniana na qual Deus ri zombeteiramente dos pecadores no inferno.[1] Barry Sanders comentou que a primeira risada da literatura ocidental ocorre no Livro 1 da *Ilíada*, quando os deuses zombam do manquejar de Hefesto, o deus do fogo.[2] Platão escreveu em *Filebo* sobre a comédia surgindo do escárnio malicioso. Aristóteles também tratou o humor como majoritariamente abusivo, embora admitisse a existência de uma vertente inócua, com a impecável correção política proibindo rir do infortúnio alheio.[3]

Cícero indicou em seu "Sobre o orador" que rimos da deformidade humana, ao passo que Francis Bacon também viu o ridículo e o desfigurado como fontes de diversão. "Alguns devem chorar", refletiu o narrador do romance de Jean Rhys *Good Morning, Midnight* [Bom dia, meia-noite], "para que outros possam rir com mais vontade". Nessa visão distorcida, a fonte primária do humor é a alegria pela miséria alheia que os alemães chamam de *Schadenfreude*. Troçamos das ilusões, das mentiras autoimpostas, da importância exagerada, da lubricidade indisfarçada, do egoísmo voraz e da tola racionalização, assim como do desastrado, do destrambelhado e do cabeça-dura. Ao fazer isso, o ego pode gozar de certa ilusão de invulnerabilidade. Ele também pode obter algum alívio da tensão ao trivializar a deformidade física ou moral que causa ansiedade, satiricamente diminuindo aquilo que o desconcerta e reduzindo o impacto do que é assustador ou estressante. Também é verdade que, quando se trata dos assuntos da mente, ser alvo de riso significa ter seu argumento diminuído, em vez de contestado de maneira séria; descartado, em vez de refutado; e, assim, trata-se de uma forma particularmente dolorosa de humilhação.

O *locus classicus* da teoria da superioridade é encontrado no celebrado comentário de Thomas Hobbes em *Leviatã* de que "a glória é a paixão que cria aquelas caretas chamadas de riso, e é causada por algum ato súbito que os agrada ou pela apreensão de alguma coisa deformada nos outros, em comparação com os quais eles subitamente aplaudem a si mesmos".[4] Rimos porque nos tornamos conscientes de alguma "eminência" em nós mesmos que contrasta com a enfermidade de outros ou com alguma de nossas falhas anteriores. Não há concepção, aqui, de humor como afável, brincalhão, afirmativo ou apenas deliciosamente absurdo. Uma faculdade em geral considerada representativa das características mais sedutoras da humanidade se torna expressão de algo menos agradável. Mesmo assim, Hobbes insistiu que o gosto excessivo pelas aflições alheias é sinal de pusilanimidade e, como tal, deve ser evitado. As grandes mentes tentam não zombar das outras e se comparam apenas às mais hábeis. Aqui e ali, ele mencionou os paradoxos da teoria da superioridade, a saber, o fato de que aqueles que debocham dos outros como inferiores simplesmente demonstram sua própria decadência moral. Joseph Addison endossou essa visão em seu periódico *The Spectator*, descrevendo o humor como "elação secreta e orgulho íntimo", embora reconhecesse que há casos nos quais a presunção de superioridade

ZOMBADORES E ESCARNECEDORES

pode muito bem ser imerecida.[5] Hegel argumentou, em *Cursos de estética*, que o riso surge da satisfação envolvida em observar aberrações humanas. Charles Darwin, do mesmo modo, via o humor como envolvendo superioridade, embora também acreditasse que a incongruência desempenhava certo papel. Um pensador posterior aliou a tese da superioridade à teoria do alívio ao afirmar que romper com as convenções sociais gera um agradável senso de superioridade, livrando-nos de nosso receoso conformismo.[6] O conde de Shaftesbury, ao contrário, foi levado, por seu neoplatônico senso de harmonia cósmica e social, a afirmar que somente aqueles "de princípios servis [...] fingem superioridade sobre o vulgar e desprezam a multidão".[7]

Como explicação do humor como um todo, a teoria da superioridade é amplamente implausível, embora tenha tido alguns defensores recentes.[8] De fato, ela é não apenas implausível, como também bastante engraçada. Há algo divertidamente perverso em insistir que aquilo que parece ser animação, camaradagem ou inocente diversão é sempre e em toda parte motivado pelo ímpeto maligno de rebaixar os outros. O que parece afabilidade supostamente é motivado pelo desprezo, pela malícia, pela arrogância e pela agressão. "Qualquer forma de humor", observou o poeta Robert Frost, "demonstra medo e inferioridade. A ironia é simplesmente um tipo de cautela [...]. No fim, o mundo não é uma piada. Só fazemos piada para evitar problemas com alguém [...]. O humor é a mais envolvente covardia".[9] Mesmo no caso do humor desdenhoso, no entanto, a noção de superioridade pode ser qualificada de modo estrito. Podemos rir de alguém cujas calças caíram ao mesmo tempo que vemos esse alguém como superior a nós mesmos em tudo, menos na escolha do cinto. De todo modo, calças caindo não são um defeito moral. O fato de as pernas de alguém serem expostas sem mais nem menos ao público não sinaliza algum status ontologicamente inferior. Também podemos sentir arrogância a respeito da enfermidade de alguém e, ao mesmo tempo, estarmos conscientes de a partilharmos. Você pode rir sarcasticamente dos que têm visão ruim mesmo sendo míope. Elvis Presley, um viciado, era um fervoroso oponente das drogas. Além disso, mesmo que todo humor envolvesse classificar algo como inferior, nem toda inferioridade é uma questão de humor. Não rolamos de rir porque bebês não conseguem compreender os princípios da teoria dos conjuntos ou porque serpentes acham difícil operar uma lavadora de louça.

O conde de Shaftesbury, a despeito de seu ceticismo sobre a visão hobbesiana, combinou uma versão do humor como algo malicioso com a teoria do alívio, em uma associação incomum. Quando os espíritos naturais de homens e mulheres são libertados das restrições, "seja o burlesco, a mímica ou a bufonaria, eles ficam felizes em desabafar e se vingar por essas restrições".[10] Em seu tratado sobre o riso, não o mais familiar dos gêneros literários na protestante Ulster, o filósofo Francis Hutcheson se divertiu muito demolindo as pouco apetitosas noções de Hobbes. "É uma grande pena", escreveu ele sardonicamente, "que não tenhamos uma enfermaria ou lazareto para visitarmos nos dias nublados, para passar uma tarde rindo daqueles objetos inferiores".[11] Também era curioso, acrescentou ele com falsa confusão, que os hobbesianos não colecionassem assiduamente criaturas inferiores como corujas, caramujos e ostras "para sua diversão". Em "The Laugh of the Medusa" [O riso da Medusa], Hélène Cixous viu o riso das mulheres como perfurando as pretensões dos homens e, assim, como um golpe contra a superioridade, e não uma espécie dela.[12] A comédia pode ser menos um exercício de poder que sua contestação. Ela pode ser um campo de conflito simbólico, e não simplesmente o riso zombeteiro dos poderosos.

A noção de humor de Henri Bergson como resposta a certa inflexibilidade na existência social é uma espécie de teoria da superioridade. Todo humor, defendeu Bergson, pretende na verdade humilhar, envolvendo uma forma de maçonaria secreta ou cumplicidade com aqueles que partilham da mesma visão desdenhosa. Nessa teoria, rimos das pessoas e coisas que se tornam irrefletidamente automatizadas, obsessivas, presas em uma vala, incapazes de se adaptar às circunstâncias. O excêntrico, que está preso na vala de si mesmo, é um exemplo, e o objetivo do humor é domar essas aberrações através do poder do ridículo. Assim, o riso age como corretivo social, restringindo os desvios, temperando a rigidez de caráter e comportamento e produzindo a plasticidade psicológica exigida pelas sociedades modernas. A comédia, portanto, tem uma utilidade social direta, constituindo um rico legado de sátira social, de Juvenal a Evelyn Waugh. Pensamos no humor como gratuito e não funcional, mas isso está longe da verdade. Ao contrário, uma de suas funções mais tradicionais tem sido a reforma social. Se homens e mulheres não podem ser convencidos à virtude através da repreensão, talvez o sejam através da sátira. O antagonismo é explorado para fins civilizados. "Através do riso, homens foram convencidos a abandonar defeitos que sermões não poderiam reformar", escreveu Francis Hutcheson.[13] Essa, decerto, não é a única utilidade do humor. Ele também pode ser empregado para manipular ou convencer, agradar ou desarmar, quebrar o gelo, selar um contrato, aliviar ou infligir ferimentos. Em relação a isso, note-se que a palavra "sarcasmo" vem de um antigo termo grego que significa destroçar a carne. O humor pode ser uma questão de defesa ou afirmação, subversão ou celebração, solidariedade ou crítica. Ele não é apenas uma fuga de tais questões utilitárias.

Pense, por exemplo, nos romances de Henry Fielding, que, como muitos romancistas ingleses anteriores a Thomas Hardy (com a notável exceção de seu contemporâneo Samuel Richardson), é um escritor cômico. É a comédia que age como agente de melhoria social ao reparar infortúnios, solucionar conflitos, condenar o vício e recompensar a virtude. Ao obrigar as aberrações a se conformarem à norma, ela pode restaurar certo grau de ordem e equilíbrio a uma sociedade temporariamente desordenada. Os romances de Jane Austen dificilmente são hilários, mas, nesse sentido, também são cômicos. Talvez haja uma implicação decididamente não cômica no fato de que tal justiça só possa ser poética, que apenas a ficção possa ser o lugar no qual conflitos sociais são manipulados e contradições reconciliadas. A arte cômica dessa natureza nos apresenta uma fantasia de harmonia social e, assim, é ao mesmo tempo utópica e ideológica.

Para Bergson, a comédia é uma questão de inteligência, não de sentimento. Ela exige o que ele chamou, em uma expressão afortunada, de "anestesia momentânea do coração".[14] Freud também a viu como incompatível com qualquer afeto intenso. Na verdade, ela permite que economizemos tais afetos, convertendo nossa pena ou compaixão em pilhéria. Na teoria da superioridade, o humor é essencialmente desalmado. A empatia é sua inimiga mortal. O sentimentalismo, observou André Breton em sua antologia *Black Humour*, é o oponente do humor. Outro teórico especulou que o riso evoluiu como antídoto para a simpatia, protegendo-nos do sofrimento dos outros.[15] Soturnamente decidido a esticar a tese da superioridade para incluir todo tipo concebível de humor, F. H. Buckley conseguiu até mesmo envolver o carnaval, que viu como ostentação da vitalidade das massas adoradoras do prazer perante seus governantes emocionalmente anêmicos.[16] A romancista Angela Carter descreveu a comédia como tragédia que acontece com os outros, ao passo que Mel Brooks observou que tragédia é quando eu corto o dedo, e comédia é quando alguém cai em uma valeta e morre. Nessa visão, rir é estar engajado na realidade, uma vez que você precisa ter vívida noção do que acha engraçado, mas, ao mesmo tempo, precisa se manter distante, altivo, desdenhoso, depreciativo. Observando as gafes e mancadas dos outros, podemos obter um espúrio senso de invulnerabilidade, o que, por sua vez, pode nos dar a falsa sensação de imortalidade. Ao projetar suas próprias deficiências nos outros, o pobre e deplorável ego consegue, por um abençoado momento, sentir-se além de qualquer dano, assim como no estado que o século XVIII conhecia como sublime. Por meio desses mecanismos de defesa, ele pode evitar uma sobrecarga de angústia e ansiedade.

É o estilo direto, sem inflexão e escrupulosamente impassível ("A sentença de sete anos em uma colônia penal realmente foi um golpe") que evita o excesso de angústia psicológica nos romances satíricos iniciais de Evelyn Waugh, conforme os mais grotescos personagens e os mais improváveis eventos são filtrados por um estilo neutro que os achata em duas dimensões, os purga de afeto e os priva de interioridade. Trata-se de um exercício de superioridade satírica à custa das debutantes, dos parasitas de classe alta e dos cavalheiros de cara vermelha da ficção de Waugh, mas também de uma maneira sinuosa de evitar julgá-los. A anestesia moral e emocional dos personagens em si — sua incapacidade de pertencer a suas próprias experiências — é refletida no tratamento meticulosamente

ZOMBADORES E ESCARNECEDORES 45

externalizado que é dado a eles no romance, de modo que nenhuma crítica genuína desse mundo moralmente inane pode ser articulada, seja pelo narrador, seja por suas vítimas e bodes expiatórios. Nesse sentido, a forma dos romances os torna tanto superiores quanto cúmplices de seus personagens. Seu modo de percepção, por mais impassível que pareça, é conivente com o comportamento que eles relatam. Entrementes, o leitor, livre do esforço de ter que decifrar nuances de sentimento e complexidades de caráter, pode relaxar e rir alto.

Comédia pode ser um termo tanto degradante quanto afirmativo. Chamar alguém de comediante, a menos que essa seja sua linha de trabalho, não é o maior dos elogios. O comediante Ken Dodd livrou-se com sucesso de uma acusação de evasão fiscal quando seu advogado argumentou que, embora alguns contadores sejam comediantes, poucos comediantes são contadores. A expressão "a comédia humana" pode sugerir robusto deleite no dinamismo e na diversidade da existência humana, como no livro de Balzac, mas também pode implicar que a espécie humana é uma piada e não deve ser levada muito a sério. De fato, quando contemplada do trono dos deuses, por assim dizer, ela pode dar origem a um senso de esquálida pantomina, como ocorreu com o mais taciturno dos filósofos, Arthur Schopenhauer. Apesar de sua lúgubre disposição mental, Schopenhauer achou impossível suprimir um jorro de incrédulo riso à visão dos patéticos insetos conhecidos como seres humanos — o que ele chamou de "esse mundo de criaturas constantemente carentes que continuam por algum tempo apenas devorando umas às outras, passam sua existência em ansiedade e necessidade e muitas vezes sofrem terríveis aflições, até que por fim caem nos braços da morte". Não há nenhum grande objetivo nesse "campo de batalha de seres atormentados e agonizantes", somente "momentânea gratificação, prazer passageiro condicionado por desejos, muito e prolongado sofrimento, constante conflito, *bellum omnium*, todo mundo caçador e caça, pressão, desejo, necessidade e ansiedade, gritos e uivos; e isso continuará *in saecula saeculorum* ou até que a crosta do planeta se rompa".[17]

Apesar de toda essa repulsa, há algo sombriamente cômico nessa visão. A comédia jaz na incongruidade entre como as coisas parecem do ponto de vista olímpico e o zelo com o qual homens e mulheres perseguem seus vários e fúteis projetos, profundamente convencidos de sua suprema importância. É uma ótica dupla também encontrada na ficção de Thomas Hardy, um romancista que primeiro coloca sua câmera, por assim dizer, no ombro de um personagem, e então recua e amplia a cena para mostrá-lo como minúsculo borrão em um vasto cenário natural. A comédia, nesse sentido, como na sátira de Swift, envolve um gesto de selvagem diminuição, traçando uma linha tênue entre o niilista e o terapêutico. A diversidade humana é reduzida a alguns tipos-padrão, cada um deles convencido de sua própria liberdade e unicidade ao mesmo tempo que age em cega concordância com o destino férreo conhecido como personagem. Como em todas as pantominas, é uma maneira de ver que combina o cômico e o sem sentido.

No entanto, o distanciamento também pode gerar um tipo de compaixão. Concluir que nada importa muito pode permitir que relaxemos, e a simpatia pelos outros pode surgir desse alívio da tensão. Podemos adotar uma visão mais irônica de nossas próprias questões, que já não parecem tão urgentes, e nos sentir mais livres para responder às (igualmente superficiais) questões alheias. Ou podemos tirar os olhos de seus vícios individuais e observar, em vez disso, o sofrimento geral, caso em que a simpatia por sua situação deriva da desvalorização de suas particularidades. Embora possamos observar a cena humana com náusea, também podemos fazê-lo com um toque de sardônico divertimento, como ao fim de *Vanity Fair*, de William Thackeray: "Ah, *Vanitas Vanitatum!* Qual de nós é feliz neste mundo? Qual de nós obtém o que deseja ou, obtendo, sente-se satisfeito? Venham, crianças, vamos guardar as marionetes e fechar a caixa, pois nossa peça chegou ao fim." Personagens que conhecemos como criaturas de carne e osso durante o romance são reduzidos, nesse gesto final exaustivamente paternalista, a bonecos pintados, ao passo que toda a complexa ação do livro se torna não mais que um espetáculo ocioso para distrair uma criança.

ZOMBADORES E ESCARNECEDORES 47

Falando de seus próprios e pouco notáveis personagens de classe média e baixa, George Eliot adotou um tom similar em *Adam Bede*:

Cada um desses mortais deve ser aceito como é: você não pode endireitar seu nariz, abrilhantar sua inteligência ou retificar suas disposições; e são essas pessoas — entre as quais se passa sua vida — que você precisa tolerar, lastimar e amar: são essas pessoas mais ou menos feias, estúpidas e inconsistentes, cujos laivos de vontade você deveria ser capaz de admirar, pelas quais você deveria nutrir toda esperança e conceder toda paciência possível [...]. Sinto deliciosa simpatia por esses fiéis retratos da existência doméstica e monótona que foi o destino de tantos de meus mortais, mais que uma vida de pompa, absoluta indigência, trágico sofrimento ou ações impactantes (Capítulo 17).

Vistos dessa distância afetuosamente condescendente, homens e mulheres são medíocres, estúpidos e ligeiramente repugnantes, mas não sem valor, por mais destituídos que sejam de trágico heroísmo ou visionário idealismo. Junto a esse senso de irônico patronato, existe certa simpatia liberal e calorosa por essas engraçadas criaturas, bem como irônica tolerância por suas peculiaridades e fraquezas. De fato, a simpatia tem mais valor justo porque elas são tão difíceis de amar. Esses tipos banais são basicamente irremediáveis, mas isso não significa que sejam malignos. A mediocridade que torna suas vidas tão sem graça também os absolve de qualquer vício espetacular. Se fossem mais heroicos ou resplandecentes, poderiam gerar menos sentimentos. Desde que não se espere demais de tais indivíduos (tendo utópicos e revolucionários em mente, Eliot censurou as "altivas teorias que só se adequam a um mundo de extremos"), eles são candidatos à compaixão, assim como fonte de divertimento. Não obstante, essa amplitude mental pode trazer consigo algumas ominosas consequências políticas: se homens e mulheres são de fato assim tão falhos, eles podem exigir o tabefe de um governo firme.

48 HUMOR

Nessa avaliação gentilmente degradante, os seres humanos não devem ser redimidos ou revolucionados. Eles só podem ser aquilo que são. Como atores em uma peça ou personagens em um romance, podem apenas desempenhar papéis meticulosamente escritos. De um ponto de vista superior, pode-se ver quão condicionado é seu comportamento, como se observássemos um formigueiro. Eles não são livres e autodeterminados, mesmo que precisem supor que são, a fim de que sua existência social não entre em colapso. No poema "Páscoa de 1916", de W. B. Yeats, diz-se que John MacBride "abriu mão de seu papel / na comédia casual", mas ele só pode sair do papel para morrer. É possível sentir certo prazer melancólico com esse sombrio determinismo. As pessoas podem ser indistintas, mas ao menos são previsíveis. Elas jamais farão algo extraordinário, mas você sabe onde pisa quando lida com elas.

Se os seres humanos são vistos como estando presos em ciclos sem sentido, isso pode inspirar não cinismo ou condescendência, mas comédia. Podemos ter certeza de que nada nesses grandes redemoinhos e espirais será perdido de verdade e que tudo será restaurado ao final, com ligeiras diferenças; que todo fenômeno é simplesmente uma combinação passageira de elementos eternamente duradouros; e que, se não somos imortais, ao menos é imortal o mundo espiritual ou o poderoso fluxo de matéria do qual fazemos parte. É assim que *Finnegans Wake*, de Joyce, ao contrário de *A terra desolada*, de T. S. Eliot, é capaz de se regozijar em estilo carnavalesco com essa visão do eterno retorno, ao passo que o compatriota de Joyce, W. B. Yeats, olha para algum futuro giro da roda histórica que restaurará os indomáveis anglo-irlandeses a seu lugar de privilégio. Os chineses em seu poema "Lápis-lazúli" olham para baixo de uma posição muito elevada, observando um cenário de putrefação, destruição, violência e renovação, mas os olhos que observam são jubilosos.

Existe crueldade e dor, então, mas o mundo deve ser afirmado com total conhecimento desses fatos. Não há nada novo sob o sol, e o fato de que já vimos tudo nos salva do desconforto psicológico de lidar com o desconhecido. Como nada nessa estupenda obra de arte conhecida como cosmos pode ser

ZOMBADORES E ESCARNECEDORES

alterado, devemos aceitar que os julgamentos humanos são vãos, que tudo tem lugar designado e que a única atitude que podemos adotar em relação ao mundo é estética. Certamente não há possibilidade de interferirmos para modificá-lo. A comédia e o fatalismo, portanto, estão em colusão. Aliviados do fardo da consciência moral, podemos olhar para o cosmos sabendo que estamos ligados a essa coisa imperecível, mesmo que ela não nos dê mais importância que a uma onda no oceano. Esse senso de profundo conforto, de estarmos em casa no universo, é uma experiência das mais profundamente cômicas. Não no sentido de ser engraçada, por certo, mas o humor pode fluir da equanimidade que ela gera. A experiência tampouco está isenta de criticismo. O que é profundo não é necessariamente válido. Esse modo de ver pode reduzir a nada a perda absoluta na qual se transforma a experiência da tragédia. Se tudo é reciclado e recuperado, não pode haver dano irremediável. Ele também pode ser uma receita para a inércia moral e política. O máximo que podemos fazer é contemplar a realidade como alguma portentosa obra de arte, sabendo que estamos tão isentos do pesar quanto a própria natureza, serenamente separados dos infortúnios que nos atingem de todos os lados.

Um sociólogo que conheço certa vez entrou em seu escritório na universidade e encontrou a secretária chorando. Depois de tentar consolá-la, ele caminhou pelo corredor e olhou para outro escritório, onde viu outra secretária chorando. "Uma secretária chorando é uma tragédia", disse-me ele, "duas é sociologia". Ou comédia, poderíamos dizer, no sentido do termo que acabei de expor. Os sociólogos não estão preocupados com fenômenos individuais, nem tampouco boa parte da comédia. É o design geral das questões humanas, visto de certa distância, com seus comportamentos partilhados e características ritualmente recorrentes, que chama a atenção. Nenhuma forma de arte depende mais profundamente de um conceito da natureza humana. A grande tragédia é excepcional, ao passo que a comédia é comum. Uma segunda secretária chorando parece desvalorizar o pesar da primeira, mudando o foco do indivíduo para o padrão geral, distanciando a primeira secretária em lágrimas e diminuindo nossa resposta emocional.

50 HUMOR

Há, como veremos, algo cômico em tais reflexões e repetições, o que libera a energia envolvida em presenciar um único fenômeno. É a duplicação que achamos engraçada, não a angústia. Esperamos que as coisas difiram umas das outras e, quando encontramos um inesperado caso de identidade, isso é incongruente e, portanto, divertido. Esse é o único caso no qual a incongruidade não é uma questão de conflito entre duas ou mais realidades diferentes.

Essa atenção ao design geral, junto a certo distanciamento dos destinos individuais, pode ser encontrada em grande parte das comédias de palco. Tal drama nos atrai, mas também tipicamente nos afasta, e o faz, na maior parte dos casos, em virtude de sua forma. Tenho em mente peças de teatro magníficas como *O alquimista*, de Ben Jonson, ou *A importância de ser prudente*, de Oscar Wilde, que, ao estilizarem e formalizarem as ações, assim como estereotiparem os personagens e colocarem em primeiro plano sua linguagem, nos mantêm resolutamente à distância mesmo quando nos dissolvemos em deliciadas risadas. Confrontados com um estereótipo cômico, conservamos a energia que precisaríamos investir para saborear as complexidades de um personagem realista e, assim, podemos descarregá-la em uma risada. A empatia daria um golpe fatal em tal entretenimento. Essa estilização atinge seu ponto alto na pantomina, com suas duplicações, espelhamentos, disparidades, tiros pela culatra, falhas e substituições, suas misturas de estilo, inversões, repetições, efeitos duplos e ultrajantes coincidências, recursos nos quais a simetria formal representa uma imagem negativa da ordem. Personagens são reduzidos a meros portadores da ação, esvaziados de subjetividade para se tornarem engrenagens em uma máquina bem azeitada. Não sentimos mais empatia por eles do que sentiríamos por um canário. Em tipos menos absurdos de comédia, o enredo pode ser igualmente evidenciado, porque precisa funcionar como versão secular da Previdência. Personagens virtuosos não podem ser exibidos trabalhando para seu próprio aprimoramento sem diminuir um pouco nossa diversão, e por isso a narrativa precisa assumir a tarefa de lhes conceder uma propriedade rural, um irmão há muito perdido ou um cônjuge adequadamente rico, com o inevitável custo em credibilidade realista. Quais são as chances de um Oliver Twist da vida real terminar vestindo camisas de musselina e casaco de veludo? Como o retrato realista de um mundo iníquo tende a exibir a ruína de valores que desejamos ver florescer, tal desconsideração pelo realismo é um preço que somos forçados a pagar. Ao levar homens e mulheres a realizações às quais eles provavelmente não chegariam sozinhos, a comédia se apieda de sua vulnerabilidade e de seu desamparo infantil. Como a história muitas vezes comete erros, a comédia é necessária para corrigir tais deficiências.

Há também o caso muito diferente do teatro brechtiano, no qual a proibição de empatia nos permite relativizar qualquer perspectiva particular e navegar criticamente em torno da ação como um todo. Aqui, a avaliação distanciada, alerta para o conflito e a contradição, é inimiga das alegações absolutas. A plateia deve ser privada de identificação emocional, mas somente para ter a liberdade de realizar julgamentos críticos em nome de uma compaixão mais elevada, que concerne não ao teatro, mas à sociedade política em geral. A comédia de tal drama não está tanto na espirituosidade ou no humor, mas antes na ironia estrutural através da qual um ponto de vista é contraposto a outro, antitético, contradições são expostas, possibilidades opostas são insinuadas e (como no efeito de alienação) alguém age e ao mesmo tempo materializa suas ações. Mecanismos dessa natureza contam com certa qualidade dialética; de fato, Brecht certa vez comentou que jamais conhecera alguém sem senso de humor que conseguisse compreender o pensamento dialético. Tal pensamento não é, de modo algum, nocivo ao entretenimento. "O teatro da era científica", escreveu ele,

está em posição de transformar a dialética em fonte de diversão. A qualidade inesperada do desenvolvimento logicamente progressivo ou em ziguezague, a instabilidade de todas as circunstâncias, a piada da contradição e assim por diante: todas essas são maneiras de usufruir da vivacidade dos homens, coisas e processos, e elas aumentam tanto nossa capacidade para a vida quanto nosso prazer nela.[18]

Essas são as palavras de um dramaturgo que afirmou querer transformar o pensamento em prazer realmente sensual. "Não há melhor ponto de partida para o pensamento que a risada", escreveu o primeiro grande defensor de Brecht, Walter Benjamin. "Falando mais precisamente, espasmos do diafragma em geral oferecem melhores chances para o pensamento que espasmos da alma."[19] Como o drama brechtiano expõe os mecanismos pelos quais opera seus efeitos, assim rompendo o encanto da ilusão realista, a plateia já não precisa investir energia psicológica na manutenção dessa ilusão e pode despendê-la na avaliação crítica. À sua própria maneira, é um alívio equivalente ao riso.

Para Brecht, assim como para Bakhtin, também há algo inerentemente cômico no fato de a história ser mutável e indefinida. O ato final de inversão cômica é a revolução política. Hitler como pintor de paredes ontem e chanceler hoje prenuncia o processo pelo qual pode estar morto em um bunker amanhã. O oposto da comédia é o destino. Nesse sentido, a estética cômica de Brecht difere intensamente do fatalismo da visão cósmica. Tudo isso, claro, ignora o fato de que, se o despotismo é instável, também o são a justiça e a camaradagem. Mesmo assim, o argumento de Brecht é que mesmo uma mudança para pior nos lembra da possibilidade de mudança para melhor. É como se a dialética fosse a espirituosidade irônica da história. Para o marxismo, há algo sombriamente cômico no fato de a classe capitalista ser seu próprio coveiro, assim como há incongruente humor na perspectiva de os miseráveis da terra chegarem ao poder. Para Hegel, a história revela uma estrutura similarmente cômica, uma vez que a distância entre motivo e ação, intenção e resultado, desejo e satisfação provou ser o verdadeiro motor do progresso humano. A incongruidade — o fato de que as coisas dão errado, saem do lugar, ficam fora de sintonia — é, nessa visão, o que sustenta o desdobramento do Espírito. Gillian Rose descreveu *Fenomenologia do espírito*, de Hegel, como "comédia incessante, de acordo com a qual nossos objetivos e resultados diferem constantemente e provocam novos objetivos e ações revisados e resultados discordantes".[20] Há uma dissonância no coração da história, mas, sem ela, deixaríamos de

ZOMBADORES E ESCARNECEDORES

nos mover. Pode-se acrescentar que aqueles que, como Brecht, são capazes de achar Hegel cômico presumivelmente não teriam problema em rir de *Fedro* ou *Medeia*.

Vale notar que a comédia, assim como a espirituosidade, não precisa ser engraçada. Não há muitos chistes em *A tempestade*. Tchekhov é cômico, mas não engraçado, embora tenha começado a carreira como autor de pantominas e jornalismo humorístico. Rimos quando o absurdo Malvólio entra em cena usando jarreteira em *Noite de Reis*, mas não do imbróglio amoroso em *Sonho de uma noite de verão*. Em termos clássicos, comédias são narrativas nas quais as coisas dão divertidamente errado e então são consertadas. Calamidades são iminentes e então evitadas de modo triunfal. Nossa demanda infantil e muito razoável de que nossas lágrimas sejam enxugadas é ficcionalmente atendida, como quando os Evangelhos prometem que tudo dará certo na Nova Jerusalém. O cômico está cheio de contratempos e erros, mas dê tempo ao tempo, acrescente um toque de mágica e tudo será resolvido. Como observou John Roberts, a comédia dá testemunho "da infinita capacidade dos seres humanos de seguirem em frente através de percepções enganosas, erros e interpretações errôneas, como condição de recuperação e renovação da verdade".[21] De fato, sem esses constantes adiamentos e desvios, a verdade não se revelaria. Na visão de Hegel, o erro e a percepção enganosa estão enredados no processo de sua autorrevelação. A tragédia, argumentou Søren Kierkegaard em *Concluding Unscientific Postscript*, revolve em torno de contradições não solucionáveis, e a comédia, em torno de contradições solucionáveis. Nada disso, entretanto, necessariamente nos faz rolar de rir nos corredores do teatro. Poucas pessoas assistiram a uma produção de *The Country Wife* ou *She Stoops to Conquer* e tiveram um infarto de tanto rir.

Sándor Ferenczi reconheceu a força da teoria da superioridade, mas defendeu que a comédia como forma de solidariedade para com falhas e fracassos é mais fundamental. "A essência do riso: como eu gostaria de ser assim tão imperfeito! A essência do riso: quão satisfatório é ser bem-comportado e não assim imperfeito! [...] Por trás de cada risada, está escondido o riso inconsciente."[22] Nessa visão, ridicularizar alguém serve para mascarar o fato de que nós também gostaríamos de gozar da liberdade de exibir nossas imperfeições. Seria gratificante nos permitir tais idiotices, se não tivéssemos tanto medo da censura social. É assim que, na *República* de Platão, Sócrates, ele mesmo um bufão filosófico, observa que saboreamos o espetáculo de outros se permitindo as absurdas palhaçadas das quais secretamente gostaríamos de participar. É verdade que também nos ressentimos da despreocupação dessas pessoas, e é isso que, em parte, nos leva a desprezá-las apesar de nossa conexão secreta com elas. Ainda assim, nos comovemos com o Bobo no momento mesmo em que o ridicularizamos, em parte porque sua exibição de tontice nos permite certo relaxamento indireto da pressão psíquica.

Nos anos iniciais da Rádio BBC, um produtor escreveu para um obscuro vigário anglicano em uma paróquia rural, pedindo que ele fizesse um discurso durante a Páscoa. O pagamento, acrescentou ele, seriam 5 libras. O vigário respondeu dizendo que ficaria deliciado em fazer o discurso e que estava enviando as 5 libras. Embora possamos sorrir de modo condescendente da ingenuidade do vigário, também simpatizamos com ela. O ego, agradavelmente não desafiado, já não sente necessidade de se afirmar e pode até mesmo confessar sua própria fragilidade. A frase de Oscar Wilde, "Consigo resistir a tudo, menos à tentação", como qualquer exibição despreocupada de fraqueza moral, permite que, por um momento, desarmemos as defesas que costumamos empregar para ocultar nossas próprias deficiências. É esse relaxamento mental que nos faz sorrir. Mesmo assim, aqueles que não conseguem manter suas nódoas decentemente escondidas, mas as exibem como uma ferida supurada, fazem com que escarneçamos, mas também com que recuemos. Tememos por eles, ao mesmo tempo que os mantemos firmemente à distância. Talvez, por algum curioso contágio, sua desavergonhada exibição possa nos incitar a também baixarmos a guarda. Se estremecemos à visão do abobado David Brent em *The Office*, é em parte porque estamos aterrorizados com nossos próprios impulsos infantis e não respeitáveis; mas, embora fiquemos consternados de vê-los exibidos de modo tão descarado, também ficamos secretamente deliciados e admiramos

ZOMBADORES E ESCARNECEDORES

a maneira como Brent é protegido da consciência de sua própria fatuidade por um colossal egoísmo.

A teoria da superioridade está certa ao afirmar que sorrimos das imperfeições alheias, mas errada em presumir que isso se dá simplesmente porque gostamos de ser esnobes. Mesmo assim, não há dúvida de que grande parte do humor envolve insulto e abuso. Com a cruel perseguição de Malvólio, *Noite de Reis*, de Shakespeare, chega perigosamente perto de perder sua aura festiva. O mesmo se dá com o tratamento sádico concedido a Shylock. Há piadas que zombam das mulheres, como na vinheta em que a Deusa está criando o universo: "A escuridão cobria a face da Terra. E a Deusa disse 'Que haja luz', e houve luz. Então a Deusa disse 'Hum, posso dar mais uma olhadinha na escuridão?'" Uma resposta feminista adequada seria: "Como se chama aquela parte inútil na ponta do pênis? Homem." Há uma resposta similarmente seca à pergunta "Como se chama um negro pilotando um avião?" "Piloto, seu babaca racista!".

Sabe-se que os irlandeses saboreiam piadas anti-irlandesas ("O que um Kerryman considera preliminares?" "Abra as pernas, Brigid"), ao passo que os judeus contam anedotas contra si mesmos, como a seguinte: Goldberg está perdido em uma montanha suíça no meio da tempestade e uma equipe da Cruz Vermelha, com cães, paramédicos e técnicos de resgate, procura ansiosamente por ele. "Goldberg", gritam eles através da névoa, "onde está você? É a Cruz Vermelha!". Uma voz débil responde: "Eu já doei este ano!" O mesmo Goldberg está passeando pela margem do rio com o filho quando este escorrega e cai na água. "Socorro!", grita Goldberg. "Meu filho, que é advogado, está se afogando!" Ou pense no chiste sobre os benefícios da demência, o primeiro sendo que você pode esconder seus próprios ovos de Páscoa, o segundo sendo que, mesmo que seja casado, você pode ter um novo parceiro sexual todos os dias, e o terceiro sendo que você pode esconder seus próprios ovos de Páscoa. Também há uma tirinha sobre um grupo de aposentados participando de uma marcha de protesto e gritando "O que nós queremos?" "O que nós queremos?" Piadas desse tipo pretendem ser amigáveis, e não abusivas, mas a linha entre as duas nem sempre é clara.

Elas podem expressar genuína agressão e ao mesmo tempo negá-la, uma agressão à qual a vítima não pode objetar sem parecer destituída de humor ("É só uma piada!"). Prender o alvo nessa posição insustentável pode ser parte da diversão.

É possível se sentir superior a si mesmo, como no imortal gracejo de Groucho Marx: "Não quero fazer parte de um clube que me aceita como sócio." Thomas Hobbes defendeu que rir de si mesmo é sempre rir de algum self passado e inferior, mas isso não é verdadeiro no caso de Groucho.[23] A piada ao mesmo tempo o eleva e rebaixa, colocando seu self mais elevado a uma desdenhosa distância do self inferior. Não querer se associar a pessoas como ele revela certo grau de bom gosto que pessoas como ele raramente têm. O gracejo é patético em sua autodifamação, mas também em seu débil esforço de superioridade. E, todavia, a autodifamação, tanto para judeus quanto para Groucho, pode ser uma tática de sobrevivência. Quando alguém se declara sem valor, isso pode equivaler a proclamar que não vale a pena matá-lo. Os assassinos pareceriam ridículos, rebaixando-se ao nível degradado da vítima, e a vítima está generosamente preocupada em salvá-los dessa indignidade. Adotar a degradante visão alheia e exibi-la como própria pode desarmar a outra pessoa. Nesse sentido, o humor autodepreciativo pode registrar subserviência como parte de uma estratégia para vencê-la. Se o ego se encolher com suficiente humildade, pode escapar das brutais repreensões do superego. Ao menos, você tem suficiente insight e resiliência para ser irônico à sua própria custa. O que transcende sua mediocridade é a franqueza com que você a confessa. *Qui s'accuse, s'excuse.* Os ingleses são particularmente adeptos de se rebaixarem, como na sugestão (alinhada a seu espírito supostamente antirrevolucionário) de que, se algum dia decidirem dirigir na mão direita, eles o farão de modo gradual.

Em *Absolute Recoil*, Slavoj Žižek endossou Alenka Zupančič na negação da visão padrão, que afirma que a comédia é uma questão de fragilidade e finitude humana atrapalhando nossas pretensões mais nobres.[24] Ao contrário, a arte cômica, tanto para Žižek quanto para Zupančič, envolve não finitude, mas um curioso tipo de imortalidade, a capacidade, como nos desenhos

ZOMBADORES E ESCARNECEDORES

animados, de sobreviver às mais desastrosas calamidades. Você cai de uma altura imensa, limpa o pó da roupa e retoma a perseguição. Todavia, essa visão do cômico não é inteiramente oposta à tese da fragilidade e finitude. Ao contrário, é precisamente o status rebaixado, humilde e imperfeito do Bobo, o fato de ele desmascarar todo grandioso idealismo, que o investe de certo tipo de imortalidade. Aqueles que não têm como cair mais baixo gozam de uma estranha espécie de invencibilidade. É como se a dura consciência da mortalidade os dotasse de uma sabedoria que lhes permite ascender sobre ela. Estar consciente dos próprios limites é transcendê-los. São os inconspícuos que podem flanquear a morte, ao passo que os altivos e poderosos caminham para a queda. O gênero que retrata essa húbris é conhecido como tragédia. O que sobrevive por tempo indefinido é a matéria totalmente sem sentido, na qual as imperecíveis pessoas comuns do carnaval bakhtiniano têm toda a cega persistência da pulsão de morte.

Falamos, portanto, de uma imortalidade biológica, não espiritual, como fica claro ao nos voltarmos novamente para *Esperando Godot*. Vladimir e Estragon são incapazes de se enforcar, uma vez que imaginá-los mortos seria inconcebível. Não há neles vida suficiente para isso. Eles simplesmente não são capazes de uma metafísica profunda o bastante para deixarem de existir. Nem sequer conseguem reunir a determinação da qual precisariam para se matar, uma vez que extinguir a própria vontade requer um extenuante ato de vontade. Não há morte nesse drama, nem em nenhuma outra obra de Beckett. Em vez disso, há simplesmente uma constante desintegração física e moral, banal e inconspícua demais para chegar a algo tão definitivo quanto uma conclusão. Esses são sujeitos fracos demais até mesmo para assumirem a própria finitude e, como tal, são o oposto do protagonista trágico clássico. Ao se apropriar livremente de sua própria morte e derrota, o herói trágico pode transcender seu status finito e criar algo eternamente precioso a partir dos trapos do tempo. O personagem cômico, ao contrário, atinge não a eternidade, mas a imortalidade, no sentido de sobrevivência infinita. Ele apenas segue em frente. Para alguns, tal infinitude "ruim", como Hegel a chamaria, é uma visão do inferno.

A tese da superioridade não dá conta do fato de que, como nos relacionamentos brincalhões de certas sociedades tribais, os insultos podem ser uma forma de amizade. Eles servem para mostrar a resiliência da ligação humana, que é perfeitamente capaz de resistir a tais farpas. Ela também ignora a diferença entre rir das piadas de alguém e rir *desse alguém*. Mesmo que as piadas em si sejam inofensivas, o que é uma afirmação bastante dúbia, nossa relação com os comediantes que as contam envolve mais que uma conspiração de desdém. Rimos delas em parte porque gostamos de partilhar certa comunicação afável, mesmo que as piadas em si não sejam engraçadas. Nenhum humor que envolva tal relacionamento pode ser simplesmente superior. É verdade que tal relacionamento nem sempre é fácil de encontrar. Muitos homens e mulheres extremamente equivocados riram dos chistes de Bob Hope, mas seria necessária uma plateia supremamente caridosa para achar o homem divertido. Tudo de que precisamos para tal humor é um estilo elegante e alguns roteiristas bem-pagos. Mas esse não foi o caso de Tony Hancock, Eric Morecambe ou Frankie Howerd, nem de Larry David, Eddie Izzard, Ricky Gervais ou Steve Coogan. Em todos esses exemplos, a fonte de humor é tanto um estilo de vida, uma maneira de ver ou uma personalidade excêntrica quanto a piada isolada. Também vale notar que, mesmo quando comediantes como David, Gervais e Coogan se apresentam como objeto de zombaria, nossa diversão com suas trapalhadas é sempre parte da diversão com um espetáculo habilidoso e, assim, jamais é simplesmente difamatória. Pense no sábio comentário de Samuel Johnson, que afirmou que o espectador de uma peça jamais esquece que está no teatro.

Parte do humor de um comediante como Frankie Howerd surge dos metacomentários através dos quais ele continuamente faz sardônica referência ao roteiro, à plateia, a seu próprio desempenho, ao desempenho dos outros atores e assim por diante. Isso nos permite relaxar no esforço de acreditar que aquele homem não é um showman, que suas palavras são espontâneas, e não ensaiadas, e que suas interações com os outros atores são reais. Decerto sabemos que nada disso é verdade, como indicou Johnson em relação à plateia, mas, mesmo assim, a ficção e o drama exigem uma supressão provisória

ZOMBADORES E ESCARNECEDORES

dessa verdade a fim de fazerem efeito, e, quando o esforço de supressão já não é requerido, a energia que dispendemos nele pode ser investida em riso. O efeito brechtiano de alienação, pelo qual um ator deixa claro, através de um desempenho deliberadamente "teatral", que é um ator, e não um indivíduo da vida real, também nos permite economizar dessa maneira. No caso de Brecht, entretanto, dirigimos aquilo que economizamos não para o riso, mas para um processo de reflexão crítica sobre a ação que a peça apresenta.

Mesmo quando nos distanciamos do ridículo, nossa resposta é muitas vezes ambígua. Em uma obra como *Joseph Andrews*, o romancista Henry Fielding se diverte muito com a prática da virtude moral, uma vez que generosidade em um mundo tão predatório quanto o nosso é difícil de distinguir da pura ingenuidade. Para que os virtuosos possam lidar com a corrupção que os assola de todos os lados, eles precisam estar conscientes dela — mas, então, como podem permanecer imaculados? De todo modo, sua inocência não é parcialmente responsável por provocar a malícia dos outros? Os romances de Fielding despejam sua sátira sobre as vítimas ingênuas do vício, ao mesmo tempo que repreendem aqueles que perpetram tal depravação; mas isso não significa dizer que também não admirem sua inculpabilidade. O ingênuo pode ser cômico, mas também é bastante comovente, assim como muito preferível ao embrutecido. Sorrimos do ingênuo e do desajeitado não apenas porque os olhamos com condescendência, mas também porque aprovamos sua integridade, por mais absurdamente simplória que ela possa parecer, assim como nos sentimos agradavelmente não ameaçados por eles. Nós amamos o outro, afirmou Jacques Lacan, desde que ele seja defeituoso, e sorrimos porque ele corporifica nossos próprios defeitos, e não simplesmente por causa do contraste com nossa própria completude. A comédia, escreveu George Meredith de modo gentil demais, é estranha ao desdém. Ele insiste que precisamos revelar a tolice de homens e mulheres sem amá-los menos por isso, e que devemos fazer um afago naqueles que ferroamos.[25]

A teoria da superioridade suscita algumas questões intrigantes sobre o status da linguagem. Se as piadas são uma forma de agressão verbal, e não física, isso diminui ou intensifica sua beligerância? Ser insultado ou humilhado é preferível a um soco na cara ou deveríamos adotar o velho adágio de que paus e pedras podem quebrar ossos, mas são as palavras que realmente ferem? Uma palavra pode destruir uma carreira, uma reputação ou mesmo um indivíduo com mais facilidade que um golpe. Gracejos e zombarias podem parecer bastante inócuos, mas pertencem a um *continuum* que se estende até a vil humilhação. E, não obstante, alguma humilhação seria vil demais para aqueles que cometem genocídio ou levam centenas de milhares à ruína financeira? O ataque verbal é similar ao comportamento ritual através do qual algumas das outras espécies de animais evitam o combate verdadeiro, ou são uma forma potencialmente mortal de tal combate? Hamlet vê as palavras como meros símbolos, mas há peças de Shakespeare nas quais a palavra de um monarca pode cortar uma cabeça. Palavras são mera respiração, mas também podem pôr fim a ela. Como pode a linguagem ser ao mesmo tempo mero símbolo e força material?

Felizmente, há muito mais no humor que despeito e rancor, como veremos agora.

3

INCONGRUIDADES

Há muitas teorias do humor para além das que vimos. Elas incluem a teoria do jogo, do conflito, da ambivalência, da disposição, da maestria, do Gestalt, de Piaget e da configuração.[1] Várias delas, no entanto, são na verdade versões da teoria da incongruidade, que permanece a mais plausível análise de por que rimos. Nessa visão, o humor surge do impacto entre aspectos incongruentes: uma súbita mudança de perspectiva, um deslize inesperado do significado, uma atraente dissonância ou discrepância, uma momentânea desfamiliarização do familiar e assim por diante.[2] Como temporário "descarrilamento do sentido",[3] ele envolve a perturbação do processo ordeiro de raciocínio ou a violação das leis e convenções.[4] Ele é, como afirmou D. H. Munro, uma ruptura da ordem usual dos eventos.[5] A lista de absurdos do filósofo Thomas Nagel — suas calças caindo durante sua sagração como cavaleiro, declarar seu amor por uma mensagem gravada, um notório criminoso se tornando presidente de uma organização filantrópica e assim por diante — é, na maior parte, um exemplo de incongruidade.[6] (Nagel poderia ter acrescentado a essa lista um secretário de Estado americano, culpado de conduzir práticas ilegais de combate, recebendo o prêmio Nobel da Paz, um clássico exemplo de *comédie noire*.) Crianças de menos de 2 anos, informam-nos os psicólogos, riem de sinais de incongruidade.[7] O jogo de esconde-esconde, que as crianças acham engraçado mesmo quando têm poucos meses de vida, é um dos primeiros casos de incongruidade, no qual a aparência de alguém é logo substituída por outra. As crianças, insistiu Freud, não têm noção de cômico, mas é possível que ele as estivesse confundindo com o autor de uma obra notoriamente sem humor intitulada *Os chistes e sua relação com o inconsciente*.

Em seu poema "Os prazeres da imaginação", o poeta do século XVIII Mark Akenside observou que

> Onde quer que o poder do ridículo exiba
> Seu exótico semblante, alguma forma incongruente,
> Alguma obstinada dissonância das coisas agrupadas,
> Atinge o observador sagaz.[8]

O tema também foi analisado pelo erudito do século XVIII James Beattie, que argumentou, em seus *Ensaios sobre poesia e música*, que rimos daquilo que é composto de partes heterogêneas, embora o humor também possa surgir de similitudes inesperadas. Algumas formas de incongruidade, admitiu ele, não são engraçadas, mas isso porque sua comicidade é superada por algum outro sentimento (pena, medo, repulsa, admiração e assim por diante). As incongruidades também podem ser facilmente desativadas e domesticadas, deixando de nos entreter. "Há poucas incongruidades", escreveu Beattie, "que os costumes não possam reconciliar".[9] Além disso, elas são culturalmente variáveis, de modo que "todas as nações da terra são, em alguma particularidade de vestimenta ou comportamento, mutuamente ridículas umas para as outras".[10] Também é possível se divertir com incongruidades que desaprovamos moralmente, assim como há piadas politicamente incorretas que são bastante divertidas e grandes obras de arte com nuances ideológicas dúbias.

Tanto Kant quanto Schopenhauer ligaram o riso à incongruidade. Em *Crítica da faculdade do juízo*, Kant escreveu de modo bastante pitoresco sobre como "uma súbita mudança da mente, primeiro para um e depois para outro ponto de vista na consideração de um objeto, pode corresponder à alternante tensão e relaxação das porções elásticas dos intestinos que se

INCONGRUIDADES

comunicam com o diafragma",[11] com a consequência de que nossos pulmões expelem ar na forma de riso. Movimentos físicos e psicológicos são diretamente pareados, de uma maneira que liga a teoria da incongruidade à teoria do alívio. Em *O mundo como vontade e representação*, a dissonância em questão ocorre entre o conceito de um objeto e nossa percepção sensorial desse objeto. No que poderíamos chamar de teoria epistemológica do humor, o senso de ridículo surge de subsumir um objeto sob um conceito inapropriado ou sob um conceito que é apropriado de um posto de vista, mas não de outro. Também se pode conseguir um efeito cômico ao subsumir objetos diferentes sob o mesmo conceito.

Também há um elemento de superioridade em operação aqui. Schopenhauer viu a Vontade, uma categoria que, para ele, incluía o que era corporal, instintivo, perceptual, autoevidente, espontâneo e gratificante, como presa em um combate permanente com a Razão ou a Ideia; e o humor surge quando a Razão, incapaz de lidar com as complexidades da experiência perceptual, tem seus limites momentaneamente relaxados. Em uma versão epistemológica do Bobo derrubando o Mestre, o cômico representa o triunfo momentâneo da baixa Vontade sobre a elevada Ideia — ou, em jargão freudiano, do id sobre o superego. Essa vitória é agradável também porque, tanto para Schopenhauer quanto para Freud, a Razão censura e reprime nosso prazer sensorial. Assim, é gratificante, comentou Schopenhauer, ver aquela "estrita, incansável e problemática governanta, a Razão", momentaneamente vencida. Nesse sentido, poderíamos afirmar que há um toque de *Schadenfreude* em todo humor, mesmo quando não estamos nos divertindo com a angústia alheia. É nossa própria e valorizada racionalidade que cutucamos. A pessoa cujo desconforto nos dá prazer somos nós mesmos.

O filósofo vitoriano Herbert Spencer defendeu a teoria da incongruidade em um ensaio sobre a fisiologia do riso, embora já tenhamos visto que ele também apoia a hipótese do alívio.[12] Charles Darwin afirmou que o riso é causado por "algo incongruente ou inexplicável, gerando surpresa",[13] mas defendeu que em geral há certo traço de superioridade em nossas risadas. Como vários pensadores, ele associou duas hipóteses diferentes sobre o humor. Sigmund Freud fez o mesmo, embora, em seu caso, as visões em questão fossem a do alívio e da incongruência. Vimos como, para Freud, o humor envolve a cessação da repressão, mas ele também o associou a um pareamento de características incompatíveis. A rima, por exemplo, aproxima foneticamente palavras diferentes e, na visão de Freud, é uma espécie de espirituosidade.

Em um ensaio intitulado "O cômico", Ralph Waldo Emerson afirmou que o humor é um modo inerentemente bathético, como conflito entre ideal e real ou concepção e execução. Ele afirmou que o humor envolve a percepção de uma discrepância. Robert L. Latta o viu como resultado de uma série de rápidas mudanças cognitivas que envolvem o relaxamento da mente e, como consequência, a produção do riso — embora, como em sua opinião tais visões não necessariamente envolvem incongruidade, ele tenha distinguido seu argumento das teorias-padrão de incongruidade.[14] J. Y. T. Greig viu o riso como resultante de súbitas oscilações entre prazer e dor ou de uma ideia ou emoção para outra, diferente.[15] Em *The Act of Creation*, Arthur Koestler tratou o humor como similar ao surgimento de um conflito entre quadros incompatíveis de referência,[16] ao passo que John Morreall o viu como dependente de súbitas mudanças sensoriais, conceptuais, perceptuais ou emocionais.[17] Em *The Odd One In*, Alenka Zupančič encontrou uma fonte primária de comédia na maneira como diferentes versões do mundo se recusam a se encaixar, enquanto oscilamos entre interpretações mutuamente exclusivas. Em sua visão, há um tipo de fissura, enigma ou contradição na condição humana a partir do qual o riso pode surgir, como para Jonathan Swift. A humanidade, escreveu Swift para o colega Alexander Pope, é glória, pilhéria e enigma, e a pilhéria existe precisamente por causa do enigma.

A incongruidade cômica tem uma longa história. No Livro do Gênese, Abraão cai de cara no chão e ri quando Deus lhe diz que, apesar de sua idade avançada, ele terá um filho. O nome de seu filho, Isaque, significa "aquele que ri", como se a criança se divertisse com a profunda improbabilidade de sua própria existência. A esposa idosa de Abraão, Sara, fica igualmente divertida com a perspectiva de sua gravidez geriátrica. A despeito de seu

INCONGRUIDADES 65

augusto apoio bíblico, todavia, a teoria da incongruidade também tem problemas. O autor vitoriano Alexander Bain foi um entre vários pensadores que indicaram que nem todas as incongruidades são engraçadas. Neve em maio é um de seus exemplos, assim como, de modo muito mais cômico, "os muitos que tomam as leis nas próprias mãos", o que, na visão dele, não é motivo de riso.[18] Michael Clark tentou solucionar o problema afirmando que as incongruidades que achamos cômicas são aquelas das quais gostamos por si mesmas, e não por algum outro motivo.[19] O surrealismo, por exemplo, não é engraçado porque foi projetado para desconcertar, mas porque se regozija com o absurdo como fim em si mesmo. No entanto, alguém poderia presumivelmente tratar a ideia da neve em maio como fim em si mesma, o que quer que isso signifique, sem transformá-la em peça de humor. (De todo modo, há deprimentes razões ecológicas pelas quais hoje ela é consideravelmente menos incongruente que em 1875, quando Bain publicou seu livro. O que é dissonante em uma época ou lugar não precisa ser em outros.) Clark defendeu que a incongruidade é condição necessária, mas não suficiente para o humor, embora isso certamente seja questionável. Ao contrário, parece que ela não é nem necessária nem suficiente — não é necessária porque há formas de humor que não envolvem desconformidade em qualquer sentido conspícuo; não é suficiente porque nem todas as discrepâncias são suficientes para provocar riso. Alguns tipos de incongruidade são alarmantes ou repulsivos, desagradáveis ou simplesmente sem graça. É improvável que subitamente ter uma segunda cabeça provoque risadinhas em sua família e amigos.

Outro problema com a tese é a natureza clástica do conceito de incongruidade, que, com um toque de ingenuidade, pode cobrir uma grande variedade de condições. Cabe ao leitor decidir, a partir da discussão que se segue, se o conceito é impressionantemente amplo ou se pode muito bem ser estendido para além de qualquer utilidade. Veja, por exemplo, a ligeiramente divertida história de Moisés descendo do Monte Sinai com as tábuas da Lei debaixo do braço. "Consegui reduzir para dez", grita ele para os israelitas reunidos, "mas o adultério ainda é pecado!". Aqui, a cômica disparidade é a ideia de Moisés como chefe sindical, barganhando com o Todo-Poderoso em nome de suas insatisfeitas bases. Mas esse tipo de discordância é diferente do encontrado em um recente anúncio da Marinha Real. Tendo substituído o tradicional sistema de beliches por camas e cabines individuais em seu novo couraçado, a Marinha orgulhosamente proclamou que aquele era o único de seus navios no qual cada marinheiro dormia em sua própria cama. Ao anunciar essa atualização, ela conseguiu insinuar que o serviço naval estava tomado pela promiscuidade homossexual.

Esse tipo de dissonância envolve uma distância entre o que foi dito e o que se quis dizer, como na velha piada antissoviética que afirmava que "o capitalismo é a exploração do homem pelo homem, ao passo que o socialismo é o inverso". Em ambos os casos, o significado oficial libera outro informal que se opõe comicamente a ele. Outro exemplo de humor negro vindo do antigo mundo comunista e que também envolve incongruidade fala do contraste entre a União Soviética e a forma ligeiramente mais relaxada de stalinismo então no poder na Iugoslávia: "Na União Soviética, os oficiais do Partido dirigem carros enquanto as pessoas caminham, ao passo que, na Iugoslávia, as próprias pessoas dirigem carros e atropelam seus representantes eleitos."

"Você precisa parar de se masturbar", diz o médico ao paciente. "Por quê?", pergunta o paciente. "Porque estou tentando examiná-lo", responde o médico, irritado. Isso também se apoia em um senso de incongruidade, enquanto deslizamos sem aviso de um quadro de referência (masturbação em geral) para outro (masturbação aqui e agora). A frase "Como é possível existir somente uma comissão de monopólio?" joga com uma aparente autocontradição. Ou veja a piada sobre o oficial do Exército britânico durante a Segunda Guerra Mundial que pediu que um sargento gurkha preparasse seus homens para saltar de uma aeronave a mil pés. O sargento conversou com seus homens e retornou ao oficial com o veredito de que eles achavam o salto muito perigoso. Em vez disso, estavam preparados para saltar de 500 pés. Consternado com essa aparente falta de coragem em uma raça notoriamente destemida, o oficial avisou ao sargento que, a 500 pés, os

INCONGRUIDADES

paraquedas não teriam tempo para abrir. "Ah, então a gente pode usar paraquedas?", perguntou o sargento. A incongruidade aqui revolve em torno de um conflito de suposições, assim como da curiosa prontidão dos gurkhas para se lançarem de uma altura impossível de sobreviver, mas não de outra.

Há um similar deslizamento de quadros de referência na história do turista, em uma galeria de arte em Moscou, que para diante de uma pintura intitulada *Lenin em São Petersburgo*. Inspecionando a obra mais de perto, o turista só consegue ver a esposa de Lenin, Nadejda Krupskaya, na cama com um belo e jovem membro do Comitê Central em Moscou. "Mas onde está Lenin?", pergunta o turista, confuso. E o guia responde: "Lenin está em São Petersburgo." Nossa expectativa de que o título da pintura reflita o que ela representa tem de ser abruptamente revisada ao percebermos que "Lenin em São Petersburgo" alude a uma das razões para a cena retratada, e não à cena em si. Ou veja este breve trecho de diálogo:

A: Estou indo ver aquele filme sobre o *Titanic*.
B: Ah, é um filme maravilhoso, especialmente o naufrágio no final.
A (*sarcasticamente*): Valeu, hein?

A incongruidade aqui é clara: como alguém poderia saber sobre o *Titanic* sem conhecer o mais saliente fato sobre ele? Talvez também sintamos um frisson levemente sádico com o constrangimento do segundo falante, que involuntariamente revelou o roteiro do filme, assim como com a indignação de seu divertidamente ignorante companheiro. O constrangimento (ao menos o dos outros) mistura prazer e dor. A ignorância em relação ao *Titanic*, incidentalmente, não está confinada às piadas. Uma amiga minha que trabalhava como guia no Museu Titanic, em Belfast, era abordada o tempo inteiro por americanos confusos que não conseguiam entender por que havia um museu dedicado ao filme.

Um rápido deslizamento do significado, uma mudança de perspectiva ou a súbita frustração das expectativas podem ocorrer em um nível puramente verbal, como em "'Hoje o duque *is a long time coming*', disse

68 HUMOR

a duquesa, mexendo o chá com a outra mão", na qual a última frase de repente nos força a rever o significado da primeira [uma vez que *is a long time coming* pode ser tanto "demorando a chegar" quanto "demorando a gozar"]. O mesmo vale para "'Os primeiros dias são os mais duros', relatou o adolescente sobre sua visita ao campo de nudismo". "'Você gostaria de uma *bridal suite?*', perguntou o jovem à noiva enquanto planejava a lua de mel, ao que ela respondeu 'Não, obrigada, vou simplesmente me segurar nas suas orelhas'" [em que *bridal suite*, "suíte nupcial", evoca *bridle*, "rédeas"]. Outro exemplo é "*Have you read Marx?*' 'Somente no traseiro" [onde *Have you read Marx*, "Você já leu Marx?" é quase homófono de *Have you red marks*, "Você tem vergões?"]. Na resposta de Dorothy Parker quando lhe disseram que as pessoas "*duck for apples*" [pescam maçãs com a boca] durante o Halloween — "Com exceção de uma única consoante, essa é a história da minha vida" [ela se refere a *fuck for apples*, ser uma mulher "fácil"] —, esse processo se eleva à autoconsciência. É o que Max Eastman chamou de "oferecer um significado e então retirá-lo".[20] Aqui, a incongruência começa a se fundir com o trocadilho e a ambiguidade. Como a ironia, no entanto, a própria ambiguidade pode ser considerada uma forma de incongruidade, quando dois significados divergentes colidem em uma economia de diferença-e-identidade.

O mesmo vale para os trocadilhos, a forma mais baixa de vida cômica, como em "o jovem se afogou em um prato de cereal matinal. Uma forte *currant* o puxou" [*currant*: uva-passa; *current*: corrente]. Mesmo com tal débil enredo, a mente se permite um momento de liberdade, do mesmo modo que na teoria da arte de Kant, desfrutando da economia criada por uma coincidência de significados, pelo enigma de dois termos serem um e um termo ser dois, e do senso de ampliação e livre capacidade que a súbita modulação do sentido pode produzir. Passamos dos rigores do cognitivo para um estado no qual podemos abrir mão da lógica da causa e efeito, ou da lei da não contradição, e saborear o ridículo ou irreconciliável por si mesmos. Já não estamos limitados pelo axioma de que toda coisa é ela mesma e não outra, e a liberação dessa restrição pode adquirir a forma de

INCONGRUIDADES

riso. Se o ego investe na unidade, identidade e univocidade, o id se enamora de fragmentos, nonsense, objetos parciais, multiplicidades e não identidades, todos destinados, do ponto de vista do ego, a parecerem incongruentes ou absurdos; e a piada ocorre quando o ego mergulha por um momento nesse elemento bizarro. Está na natureza do princípio da realidade manter a mente focada deixando as outras possibilidades à distância, e está na natureza do humor permitir que elas se aproximem.

A perturbação das expectativas, às vezes por uma única palavra, é uma forma familiar de incongruidade: "Nada tem mais sucesso que o excesso" ou "Vivo com medo de não ser incompreendido", ambas frases de Oscar Wilde. "Os jovens de hoje não respeitam os cabelos pintados" é outra troça wildiana na qual tudo está investido em um único epíteto. Um ato falho freudiano é quando você diz uma coisa e significa uma mãe. O poeta de *fin de siècle* Ernest Dowson certa vez declarou que *absinthe makes the tart grow fonder* ["o absinto torna a prostituta mais carinhosa", em um jogo de palavras com *absence makes the heart grow fonder*, "a ausência faz o coração amar ainda mais"]. O dramaturgo Brendan Behan, que notoriamente tinha problemas com a bebida, afirmou ter problemas com a escrita. Em todos esses casos, o sentido de uma palavra ou frase é comicamente distanciado daquele que esperávamos. A linguagem está ao mesmo tempo no lugar e fora do lugar, e somos forçados a manter o significado convencional em tensão com a torção semântica. No chiste de Dorothy Parker "A viagem transatlântica foi tão turbulenta que a única coisa que consegui manter no estômago foi o primeiro-imediato" é um exemplo. A placa que às vezes é vista em lixeiras públicas, "*Refuse To Be Put In This Basket*" ["Coloque o lixo na lixeira" ou "Recuse-se a ser colocado na lixeira"], muda de significado de acordo com a sílaba de *refuse* a ser enfatizada. Além do absurdo de sermos solenemente admoestados a não permitir que alguém nos coloque em uma lixeira de plástico, sorrimos da maneira como a placa oficial, com sua aura um tanto intimidadora, é momentaneamente despida de autoridade e forçada a parecer tola. Assim, a incongruidade e a superioridade conspiram. Sempre se pode afirmar, entretanto, que discrepância não é o mesmo que incongruidade. A última é uma questão de algo ser inapropriado, incompatível, discordante, o que não precisa ser verdadeiro para todas as discrepâncias.

Sobre as palavras individuais, podemos lembrar da história na qual um homem entrou no hospital exigindo ser castrado. Após tentar inutilmente fazê-lo desistir desse perverso desejo, a equipe médica enfim sucumbe e remove seus testículos durante uma longa cirurgia. O paciente é levado ao quarto e, depois de acordar da anestesia, pergunta ao paciente da cama ao lado para qual cirurgia ele está sendo preparado. "Circuncisão", responde o homem. "É *essa* a palavra!", exclama o paciente recém-castrado, dando uma palmada na testa. A piada, que sem dúvida faz os machos da espécie estremecerem mais que as fêmeas, ilustra, entre outras coisas, como a desproporcionalidade é um tipo de incongruidade.

Aristóteles falou, na *Retórica*, do humor surgindo da violação das expectativas verbais, ao passo que Cícero observou, em seu tratado sobre a oratória, que o tipo mais comum de piada é aquela na qual uma coisa é esperada e outra dita. É através dessa pequena ruptura da lógica que o riso pode surgir. Uma pequena mudança de pontuação pode alterar comicamente o significado pretendido. "*The batsman's Holding, the bowler's Willey*", anunciou certa vez um narrador de críquete da rádio BBC, inocentemente inconsciente de que a remoção da vírgula gera um outro sentido, muito diferente [com vírgula: "O rebatedor é Holding e o arremessador é Willey"; sem vírgula: "O rebatedor está segurando o pau do arremessador"]. Mesmo uma mudança de tom pode assinalar uma inversão abrupta das perspectivas, como no caso do homem que, quando lembrado de que duas negativas formam uma afirmativa, mas o contrário não é verdadeiro, respondeu, cético: "Sim, sim." Grande parte do humor de Woody Allen se baseia na incongruidade:

"Não há dúvida de que existe um mundo invisível. O problema é quão longe ele fica do centro e até que horas fica aberto."

"Não quero chegar à imortalidade através de minha obra. Quero chegar a ela em meu apartamento."

"Não somente Deus não existe como tente conseguir um encanador nos fins de semana."

INCONGRUIDADES

"Um dos ladrões [no Calvário] foi salvo", escreveu Samuel Beckett em *Malone morre*. "É uma porcentagem generosa." Isso é sombriamente cômico porque o discurso da teologia está lado a lado com a linguagem da contabilidade, e a *gravitas* de um é esvaziada pela profanidade da outra. *Bathos* ou ridicularização, nesse sentido, é um modo de incongruidade, no momento em que elevado e vulgar são unidos de maneira discordante. E, todavia, desvios também podem ser considerados tipos de incongruidade, uma vez que fazem lembrar da norma no ato mesmo de transgredi-la, assim nos confrontando com uma tensão entre ambos. De fato, a palavra "humor" originalmente significa alguém cujo comportamento diverge da norma. As pessoas podem rir das deformidades não apenas em função de um senso de superioridade, mas também porque há incongruidades. Rimos do estranho e excêntrico porque ele frustra nossas expectativas estereotípicas. Henri Bergson, para quem tais aberrações deviam ser corrigidas, e não celebradas, combinou a teoria da superioridade e a teoria da incongruidade. Em sua visão, a rigidez social que o humor intende castigar pode ser vista como uma forma de incongruidade, uma vez que significa não se adequar às convenções prevalentes. A ideologia organicista do próprio Bergson, ao contrário, pretendia fundir coisas que trincam e se partem.

Uma dessas formas de inflexibilidade é a monomania. Por que a incessante melancolia de Schopenhauer é tão engraçada? Não porque haja qualquer coisa divertida em sua visão de mundo, mas porque agarrar-se a uma tese em todas as ocasiões, recusando-se a qualquer espécie de compromisso ou concessão, tentando estendê-la perversamente aos casos mais implausíveis, é o equivalente conceitual do excêntrico, que obstinadamente se recusa a ser qualquer outra coisa que não ele mesmo. A consistência excessiva é tão ruinosa para um senso saudável de realidade quanto o caos categórico. Em *A vida e as opiniões do cavalheiro Tristram Shandy*, a inabilidade do próprio Tristram de unificar sua experiência é simplesmente a imagem invertida do louco sistema de construção de Walter, seu pai.

Duplicações e repetições podem ser incongruentes, uma vez que esperamos que certos fenômenos — os seres humanos, por exemplo — sejam inimitáveis, e nossas expectativas saem do controle quando eles não o são. As duas secretárias chorando são um exemplo. Há outros casos nos quais o que parece ser um na verdade são dois, assim como o homem que perguntou a um renomado musicista se a pronúncia correta do nome de certo compositor era Schu*bert* ou Schu*mann*. Pode-se afirmar que o enigma do dois em um também suspende a lógica um tanto repressiva envolvida em distinguir rigorosamente identidades separadas e, ao fazer isso, nos leva a rir, como fazemos durante uma imitação habilidosa. Somos capazes de economizar em nossos gastos psicológicos de uma maneira que não seríamos capazes se dois fenômenos diferentes exigissem nossa atenção.

A repetição, para Bergson, é um estratagema de mecanização que cheira a intratabilidade. Em vez de agir com criatividade, repetimos cegamente, como em certas formas de neurose, e isso é cômico no mesmo sentido em que a monomania é cômica. Uma razão pela qual a mímica ou mimese pode ser engraçada é o fato de ela ser uma forma de repetição, implicando identidade entre itens que na verdade são distintos. Contudo, também sorrimos da habilidade com a qual a mímica, a paródia e a ironia são executadas, o que é uma fonte diferente de diversão. Experimentamos o suave deleite diante do espetáculo de algo feito habilmente, o que intensifica o efeito cômico. Além disso, um desempenho engenhoso nos permite economizar os esforços que faríamos para apreciá-lo se fosse laborioso. Quando se trata de personificações, pode haver um elemento ligeiramente agressivo em ação: "Veja, posso ser você tão bem quanto você, e talvez melhor. Você não é tão especial, afinal."

Há algo cômico (e, às vezes, um pouco assustador) tanto nas duplicações quanto no que é *sui generis*. De fato, a palavra "peculiar" significa tanto específico ou particular quanto estranho, extravagante, não convencional. Nosso impulso de classificar pode ser frustrado por uma grotesca disparidade de objetos, mas fica igualmente confuso com coisas que se recusam a ser categorizadas e que, por consequência, como algumas das figuras bizarras de Dickens, nos confrontam com a charada daquilo que é puramente si mesmo. Há algo enigmático e mesmo enervante no que é totalmente autoidêntico.

A palavra "humor" em sua origem se referia a esse tipo de idiossincrasia, que, como veremos mais tarde, desempenhou papel privilegiado na cultura inglesa. *To humour* alguém é ser indulgente com seus caprichos e fraquezas, um ato que pode ser moralmente admirável; e, todavia, se homens e mulheres não fossem tão fracos e tolos, não precisariam de tal paparico, para começar. Nesse sentido, *to humour* deprecia a humanidade ao mesmo tempo que constitui um louvável exemplo dela.

Outro tipo de incongruidade é a desfamiliarização, na qual há tensão entre o significado comum e uma versão sinuosa dele. O "Catecismo do clichê", do escritor irlandês Flann O'Brien, fornece um rico estoque de exemplos:

Que mercadoria barata e não racionada se acredita ser mais valiosa que o homem que a possui? — O sal da terra.

O que às vezes é a única coisa que vestimos? — A mais inalienável autoridade.

Em que artigo fabricado na Suíça hipocondríacos, paranoicos e similares estão mais fixados? — No relógio.

O que (pergunto, aturdido) você faz ao mesmo tempo que me manda fazer? — Ficar parado.

Em que todos os fatos devem ser levados? — Consideração.

Como o dinheiro é mensurado quando há enormes quantidades dele? — Em relação ao excedente disponível para incineração.

Quem é tão bom quanto? — Qualquer outro.

Que coisa completamente inexistente muitas vezes se diz que ainda está lá? — O "nada" que permanece não dito.

Em que direção a reunião se transforma em desordem? — Para cima.

Que ato eu realizo em relação a ele com longas extensões de tecido? — Eu o enfaixo.

Que obscuro marisco cardíaco é aquecido ao sinal da bandeira nacional hasteada no Parlamento em College Green? — *It warrums the cockles*

74   HUMOR

of me heart [*cockles*: "ventrículo" em uma corruptela do latim *cochleae* e "berbigão", um tipo de molusco, em inglês contemporâneo. A frase original é *It warms the cockles of my heart*, "Isso aquece meu coração"].[21]

Um inofensivo jogo de salão é inventar exemplos próprios:

Através de quais situações mutualmente contrastantes devemos perseverar? — A alegria e a tristeza.
Que pergunta retórica em relação à afiliação do Bispo de Roma expressa uma resposta sardônica à autoevidência? — O papa é católico?
Por que seus pais os mandam para a cama incomumente cedo? — Porque eles são ursinhos muito cansados.
Os inebriados ficam mais apertados que o ânus de qual pequeno roedor? — O rato.
Com que item de equipamento de um barco longo e chato alguém pode se recusar a fazer contato com outra pessoa? — Um varejão.

Para testar nossa teoria da incongruidade, empreguemos três situações cômicas da vida real. Um antropólogo americano, amigo meu, estava dirigindo em alta velocidade pelo oeste da Irlanda quando foi parado por um policial. "O que você faria", perguntou o policial, apoiando-se ominosamente na janela do motorista, "se encontrasse o sr. Nevoeiro [*Mister Fog*]?". Por um momento arrebatador, meu amigo achou que encontrara uma tribo perdida em Connemara que personificava o clima, falando do mestre Luz do Sol, da srta. Granizo, do irmão Trovão e assim por diante. Abandonando rapidamente essa hipótese, ele decidiu que o policial estava apenas sendo condescendente e respondeu, com forte sarcasmo: "Bem, eu colocaria o sr. Pé no sr. Freio." O policial olhou para ele com uma expressão estranha e rosnou: "Eu disse neblina ou nevoeiro [*mist or fog*]."

Outro amigo meu passou um semestre como professor visitante em uma universidade na África Ocidental na qual havia vários pavões [*peacock*, que

INCONGRUIDADES

também é um sobrenome inglês] no pátio. Retornando ao campus alguns anos depois para uma breve visita, ele caminhava com o vice-reitor quando notou que os pavões já não estavam em evidência. "O que você fez com os pavões?", perguntou ao vice-reitor, e então, sentindo-se meio travesso, acrescentou: "Você não os comeu, né?" O vice-reitor olhou para ele com uma expressão grave e respondeu: "O dr. e a sra. Peacock voltaram para Londres no mês passado."

Por fim, uma anedota relacionada a mim mesmo. Eu estava em uma livraria de Oxford quando notei uma mesa com a coleção *Para iniciantes*: *Alemão para iniciantes, Química para iniciantes* e assim por diante. Um amigo meu, um distinto filósofo de Oxford, estava em pé em frente à coleção, folheando um exemplar de *Filosofia para iniciantes*. Vendo a oportunidade para uma brincadeira, eu me aproximei dele devagarinho e murmurei: "Isso é meio avançado para você, não é, não?" Ele se virou bruscamente, alarmado, e meu primeiro pensamento foi que ele fizera cirurgia plástica. Então percebi que aquele não era meu amigo. Era um total estranho. Eu pedi desculpas e saí correndo da livraria. Em algum lugar do mundo, há um homem que acredita que os habitantes de Oxford são tão odiosamente elitistas que zombam abertamente de estranhos que tentam aprimorar a mente.

Todas essas situações envolvem incongruidades de um tipo ou outro: uma colisão de significados, a inadequação de um oficial que parecia falar como uma criança, a grotesca disparidade entre uma conversa polida com um anfitrião e a ultrajante insinuação de que ele e seus colegas são canibais, e a inaptidão de supostamente zombar sem nenhuma razão de um total estranho. Todavia, em nenhum desses casos a incongruidade é a força motriz do humor. A teoria do alívio decerto responde muito melhor pelo efeito cômico. Rimos porque somos capazes de nos libertar da camisa de força da convenção e gozar indiretamente de nossa exultação com a audácia de sermos atrevidos com uma autoridade ou abominavelmente rudes. Em cada caso, há um elemento sádico ou masoquista em ação, e nos regozijamos com o desconforto dos outros ou mesmo (no caso da livraria) do nosso. É satisfatório e angustiante ver outra pessoa humilhada, em parte porque isso sustenta nosso próprio e enfermo ego e em parte porque, como já sugeri, nos concede certa indulgência indireta para com nossas próprias vulnerabilidades.

Vale notar que grande parte do que consideramos engraçado é (para emprestar um termo freudiano) sobredeterminado, significando que é produto de uma variedade de fatores. Uma piada pode combinar o agradável desembaraço de um trocadilho, nonsense ou ambiguidade com uma desconcertante colisão de conceitos, um bathético choque entre elevado e vulgar e um *animus* vingativo contra alguma vítima indefesa, assim como nos fornecer certo grau de prazer estético através de sua adequação e concisão e pela habilidade com que é executada.

Grande parte do humor é uma questão de transgressão ou desvio. Conforme as fronteiras entre diferentes fenômenos se desvanecem, somos capazes de relaxar nosso impulso de rigorosa taxonomia e a energia que conservamos é descarregada em riso. Isso é verdade em relação à ironia, ao *bathos*, trocadilhos, jogos de palavras, ambiguidade, incongruidade, desvio, humor negro, mal-entendidos, iconoclastia, grotesco, fora do lugar, duplicação, absurdo, nonsense, tropeços, desfamiliarização, mudanças rápidas e hipérbole. Possibilidades mutuamente incompatíveis que o princípio da realidade deve excluir a fim de manter certo grau de ordem e coerência surgem em uma pequena explosão de anarquia e o mundo de repente cessa de ser tão autoconsistente quanto parecia alguns minutos antes. Se isso é levado longe demais, o resultado pode ser uma alarmante perda de direção. Como consequência, o prazer começa a se transformar em angústia.

Incluí a incongruidade nessa lista de mecanismos cômicos, mas há um sentido no qual a maioria deles pode ser subsumida nessa categoria. E o fato de ser assim faz com que eu me pergunte, novamente, quão útil um conceito tão confortável pode ser. Outro problema com a teoria da incongruidade é que ele é descritivo, e não explicativo. Ele nos diz do que rimos, mas não por quê. O que precisamos, então, é combinar a tese da incongruidade com a teoria do alívio, em uma ação explicativa. Vimos que há teóricos que combinam a teoria da superioridade com a da incongruidade ou do alívio, mas alívio e incongruidade parecem a combinação mais frutífera. Formulando mais completamente o que já sugeri: o humor acontece, na maior parte dos casos, quando alguma breve perturbação de um mundo ordenado de significado afrouxa sua relação com o princípio da realidade. É como se, por um momento, o ego fosse capaz de abdicar de sua séria insistência na congruência, coerência, consistência, lógica, linearidade e significantes unívocos, deixasse de se esquivar de significados indesejados e associações inconscientes, permitindo-nos gozar de uma divertida diversidade de sentidos e fazendo com que liberemos a energia psíquica conservada por essa resistência ao princípio da realidade em um sorriso ou uma risada. É notável que Freud, o principal exponente da teoria do alívio, não tenha forjado essa conexão. É a energia física que gastamos em reprimir o obsceno e o agressivo que chama a atenção de Freud em seu livro sobre os chistes, e não, na maior parte, o trabalho inconsciente envolvido em manter um senso simétrico e coerente da realidade.

Um dos melhores romances cômicos, *A vida e as opiniões do cavalheiro Tristram Shandy*, de Laurence Sterne, exibe descaradamente a desintegração do princípio da realidade. Incapaz de manter a unidade e a consistência de sua narrativa, também por causa das disruptivas incursões do inconsciente e da necessidade de não deixar absolutamente nada de fora, Tristram se vê perdido em uma potencial infinitude textual, passando de uma elaborada digressão para a seguinte, afundando sob um excesso de significação e incapaz de dizer uma coisa sem dizer meia dúzia de outras ao mesmo tempo. Quanto mais fielmente o herói tenta registrar sua história de vida, mais ele é obrigado a nos apresentar a monstruosa massa de informação sob a qual o romance começa a estremecer. Uma representação gera outra e mais outra, até que a narrativa emperra e começa a se desfazer. O realismo cômico é desmascarado como contradição em termos, uma vez que o realismo é inevitavelmente repressivo, tão eloquente pelo que não diz quanto pelo que diz, e tal exclusividade é contrária ao inclusivo espírito da comédia. Em sua falsa preocupação de não enganar os leitores ao modelar e editar sua história, Tristram consegue, com mal disfarçado sadismo, mergulhá-los em profunda confusão. Esse catastrófico colapso do princípio da realidade, que, se levado longe demais, termina em loucura, é prototipicamente cômico.

Em um ensaio notavelmente perceptivo intitulado "Sobre a espirituosidade e o humor", o crítico do século XIX William Hazlitt já associa as teorias do alívio e da incongruidade. Ele fala "do stress habitual sofrido pela mente perante a expectativa de uma ordem dada de eventos, seguindo-se uns aos outros com certa regularidade e com o peso do interesse ligado a elas" e de como "o ridículo, ou cômico, é o inesperado relaxamento ou liberação desse stress para uma intensidade inferior à usual, através do qual uma transição abrupta da ordem das ideias toma nossa mente de surpresa, a desequilibra e a força a um vívido senso de prazer, sem deixar tempo para as reflexões dolorosas".[22]

Essa, com efeito, é a versão pré-freudiana de Hazlitt da suspensão da repressão psíquica. A essência do humor, insistiu ele, jaz "no incongruente, na desconexão entre uma ideia e outra, ou no empurra-empurra de um sentimento contra o outro",[23] e esse súbito choque ou deslocamento produz um espasmo ou perturbação mental que se expressa na convulsão física do riso. É um conceito antidualista do cômico, no qual o mental e o físico são tão inseparáveis quanto uma peça de roupa e seu forro. "Com a mente tendo sido levada a formar certa conclusão", observou Hazlitt,

> e o resultado produzindo uma imediata solução de continuidade na cadeia de nossas ideias, essa alternação entre excitação e relaxamento da imaginação, com o objeto também atingindo a mente mais vividamente em seu estado relaxado e alterado e antes que ela tenha tempo de se recuperar e reagir, causa essa alternância entre excitação e relaxamento, ou movimentos convulsivos irregulares dos sistemas muscular e nervoso, que constitui o riso físico. A descontinuidade em nossas sensações produz uma correspondente agitação e discórdia em nosso corpo.[24]

Como vimos, grande parte desse processo também é verdadeira para Kant. Hazlitt também reconheceu que pode haver um elemento perverso no humor, quando a própria proibição de rir serve apenas para provocar o riso. É por essa razão que "temos dificuldade de manter a compostura durante um sermão, um funeral, um casamento".[25] Como sabe a teoria psicanalítica, a Lei gera desejo, em vez de simplesmente reprimi-lo. Ela nos tenta a transgredir, a fim de que possa nos punir por nossas aberrações.

O deleite com a dissonância, na visão de Hazlitt, não deve ser inequivocamente encorajado. "Ser atingido pela incongruidade no que quer que se apresente diante de nós", avisou ele, "não demonstra grande compreensão ou refinamento de percepção, mas antes uma devassidão e petulância da mente e do temperamento que impedem que o indivíduo conecte duas ideias quaisquer de modo constante ou consistente".[26] A espirituosidade refinada é uma coisa, mas a palermice é outra, bem diferente. Como veremos no próximo capítulo, sempre há um problema com a comédia, relacionado a quão longe podemos ir antes que um admissível período de animação se transforme em anarquia verbal ou conceitual.

Por mais produtiva que a teoria da incongruidade possa ter se provado, não estamos mais perto de explicar por que rimos de algumas formas de deslocamento e não de outras. O que os filósofos chamam de erros de categorização (imaginar a alma como um órgão corporal invisível, por exemplo) envolve incongruidades, mas poucas delas são causa de hilaridade. Também não lançamos luz sobre por que enunciações e situações aparentemente livres de tal discórdia ainda podem ser engraçadas. Também há piadas que envolvem incongruidades, mas que se baseiam primariamente nos prazeres primitivos do abuso, como quando o jornalista Christopher Hitchens observou que os olhos de George W. Bush eram tão próximos que ele podia usar um monóculo, em vez de um par de óculos. Assim, o humor ainda não revelou todos os seus segredos, e a considerável indústria acadêmica devotada a investigá-lo pode continuar em frente.

4

HUMOR E HISTÓRIA

As elites governantes da Europa antiga e medieval não eram muito receptivas ao humor. Desde os primeiros tempos, o riso parece ter sido uma questão de classe, com uma distinção firmemente imposta entre a diversão civilizada e o cacarejo vulgar. Aristóteles insistiu na diferença entre o humor dos bem e mal-educados em *Ética a Nicômaco*. Ele designou um lugar exaltado à espirituosidade, classificando-a, junto com a amizade e a verdade, como uma das três virtudes sociais, mas o estilo da espirituosidade em questão exige refinamento e educação, do mesmo modo que o emprego da ironia. *A república*, de Platão, é severamente contrária a expor os cidadãos ao ridículo e se contenta em abandonar a comédia em grande parte aos escravos e estrangeiros. A zombaria pode ser socialmente disruptiva e o abuso verbal pode ser perigosamente divisor. O cultivo do riso entre a classe dos guardiões foi severamente desencorajado, junto com imagens de deuses ou heróis risonhos. São Paulo proibiu os gracejos, ou o que ele chamou de *eutrapelia*, em sua Carta aos Efésios.[1] É provável, contudo, que São Paulo tivesse a bufonaria obscena em mente, e não a espirituosidade urbana que Aristóteles teria aprovado.

Mikhail Bakhtin comentou que "o riso na Idade Média permaneceu fora de todas as esferas oficiais de ideologia e fora de todas as formas estritas de relação social. O riso foi eliminado do culto religioso, dos cerimoniais feudais e estatais, da etiqueta e de todos os gêneros elevados de especulação".[2] A mais antiga regra monástica que conhecemos proíbe as piadas, ao passo que a Regra de São Benedito nos previne contra a provocação de riso, uma impertinência contra a qual São Columbano impôs a penalidade do jejum. O terror da igreja medieval pela comédia leva ao assassinato e ao caso no romance de Umberto Eco, *O nome da rosa*. Aquino se mostrou tipicamente mais relaxado em relação à questão em *Summa Theologiae*, recomendando o humor como forma de jogo terapêutico de palavras ou atos no qual nada é buscado para além do prazer da alma. Ele acreditava que o humor era necessário para o conforto do espírito. Na verdade, a relutância em se engajar no humor contava, a seus olhos, como um vício. Para a teologia cristã, o deleite sem utilidade com uma piada reflete o ato divino da criação, que, como ato gratuito original, foi realizado simplesmente por si mesmo, sem ser motivado por nenhuma necessidade e sem nenhum fim funcional em mente. O mundo foi criado apenas porque sim. É mais uma obra de arte que um produto industrial.

Essa rude suspeita em relação ao humor surgiu mais que do medo da frivolidade. Mais fundamentalmente, ela reflete o terror à perspectiva de perda do controle, incluindo controle em escala coletiva. É isso que pode ocorrer, na visão de Platão, como resultado do riso excessivo, uma função corporal natural no mesmo nível de descargas repugnantes como o vômito e os excrementos. Cícero estabeleceu regras elaboradas para o gracejo porque desconfiava de sua erupção espontânea. A dissolução do corpo individual no riso poderia pressagiar um tumulto popular, e o carnaval medieval — uma espécie de revolução social ficcional, fantástica, estritamente esporádica — chegava perto o bastante de tal caos cômico para justificar essas ansiedades. O corpo plebeu estava em contínuo perigo de se desfazer, em oposição ao corpo disciplinado, suavemente arrumado e eficientemente regulado do nobre higiênico. Também havia uma qualidade perigosamente democrática no riso: ao contrário de tocar tuba ou realizar uma cirurgia cerebral, qualquer um pode realizá-lo. Não são necessários perícia especializada, linhagem privilegiada ou habilidade escrupulosamente desenvolvida.

A comédia representa uma ameaça ao poder soberano não apenas por causa de sua natureza anárquica, mas porque ela não leva a sério questões

HUMOR E HISTÓRIA

tão momentosas quanto o sofrimento e a morte, assim diminuindo a força de algumas das sanções judiciais que as classes governantes tendem a esconder na manga. Ela pode gerar uma despreocupação que afrouxa o punho da autoridade. Em seu modo carnavalesco, ela também pode dar origem a um ilusório senso de imortalidade que dispersa o senso de vulnerabilidade essencial para a manutenção da ordem social. Mesmo Erasmo, autor do celebrado *Elogio à loucura*, também escreveu um tratado sobre a educação das crianças que nos previne a respeito dos perigos do riso. A obra admoesta os pupilos a contrair as nádegas ao soltar gases, a fim de evitar o ruído excessivo, e a mascarar o som inadequado de uma tossidela oportuna.

O dramaturgo William Congreve se queixou, em "Um ensaio relacionado ao humor na comédia", sobre o tipo de espetáculo cômico que o forçava a entreter pensamentos degradantes sobre sua própria natureza. Ele jamais conseguiria olhar muito tempo para um macaco sem se sentir profundamente mortificado. Paródias, mímicas e aberrações nos fazem lembrar da alarmante fragilidade de nossas normas. Em um espírito similar, Joseph Addison afirmou, em um artigo para *The Spectator*, que a Risada é filha da Loucura, que se casou com o Frenesi, o filho do Nonsense, cuja mãe era a Falsidade. Não é a genealogia mais encorajadora para aqueles que gostam de rir. O crítico do século XVIII John Dennis defendeu que o humor é encontrado principalmente entre as classes subalternas. Como é relacionado ao corpo, e não à mente, ele tende a florescer entre os incultos, cuja razão não foi ensinada a suprimir seus instintos animais. Em um ensaio sobre "Uma comparação entre a comédia hilária e a comédia sentimental", Oliver Goldsmith similarmente associou a comédia ao que é vulgar e mesquinho. Esse preconceito contra o humor foi herdado, contra todas as probabilidades, por Shelley, que supostamente teria afirmado, durante uma conversa, que não pode haver completa regeneração da humanidade enquanto o riso não for abandonado.[3] As perspectivas para o futuro são sombrias quando até mesmo os libertários radicais olham de esguelha para o humor.

O filósofo do século XVIII David Hartley rejeitou de imediato "as baixas similaridades, alusões, contrastes e coincidências aplicadas a assuntos

84 HUMOR

graves e sérios e que geram riso mais profuso em pessoas de mentes frívolas e diminuem a reverência pelas coisas sagradas".[4] Espirituosidade e hilaridade demais, afirmou ele, frustram a busca pela verdade ao impedir que nossa mente perceba a real natureza das coisas. Em um veio similar, o romancista vitoriano George Meredith olhou para o humor em busca de "riqueza mental, em vez de enormidade ruidosa",[5] e foi rápido em distinguir o riso refinado do tipo de comédia "rude" que "rola de rir sob a divina proteção do Filho do Jarro de Vinho".[6] Grande parte da comédia é vulgar e bufa, ao passo que a literatura é elevada; assim, será a literatura cômica uma contradição em termos? Uma teoria da comédia seria igualmente paradoxal? Podemos mensurar o grau de refinamento, informou Meredith, pelo "tom da risada", uma afirmação que nos devolve ao ponto inicial de nosso estudo. A peixeira cacareja, ao passo que o estadista dá uma risadinha.

Apesar de toda sua austeridade, Meredith foi um dos poucos teóricos do humor anteriores ao século XX a se aventurar no reino do gênero. Grande parte das comédias, defendeu ele, revolve em torno da batalha dos sexos e desempenha papel vital na elevação das mulheres de "idiotas belas" a seres admiravelmente sagazes. O que ele viu como falta de comédia no Oriente surge, em sua visão, do baixo status das mulheres naquele setor do globo. Onde as mulheres não têm liberdade, insistiu ele, a comédia tende a estar ausente. Não pode haver genuína civilização sem igualdade social e "jamais haverá comédia onde a civilização não é possível".[7] Na ausência de tal civilidade, o espírito cômico é "levado às valetas da grosseria para saciar sua sede".[8] Onde as mulheres são reduzidas a escravas do lar, a forma de comédia tende a ser primitiva; onde são toleravelmente independentes, mas incultas, o resultado é o melodrama; onde há igualdade social, a arte da comédia também floresce.

A resistência à comédia no início da era moderna pertence, na maior parte, à história do puritanismo.[9] Entretanto, pode-se argumentar que a morosa teoria do humor de Thomas Hobbes é tão inimiga do humor quanto o mais monástico flagelo do teatro e dos festivais populares. O background da hipótese hobbesiana é a violência, o antagonismo e o partidarismo da guerra civil, junto à emergência, no século XVII, da doutrina do individualismo possessivo. É dessa desagradável visão de homens e mulheres como animais antissociais motivados amplamente pelo poder e pelos apetites, criaturas solitárias e autointeressadas presas em feroz contenda mútua, que surge a aparente inocência da alegria e do riso.

Algo dessa sombria visão influenciou a lacerante e irritadiça sátira da velha guarda tory do início do século XVIII, de Pope, Swift e seus colegas conservadores, com seu desejo de provocar, desfigurar, inflar ridiculamente ou rebaixar com brutalidade. No entanto, a mudança-chave de sensibilidade nesse período foi da sátira corrosiva para uma visão de mundo mais cordial. Determinado a deixar para trás o conflito político e o rancor ideológico do século anterior, o clima prevalente nos clubes e cafés era um de serenidade e afabilidade, uma jovialidade espiritual que, com o tempo, passaria a caracterizar os cavalheiros ingleses. Fomos testemunhas do raro fenômeno do humor, ou ao menos do bom humor, movendo-se para o centro da ideologia dominante. A alegria e a afabilidade usurparam o carrancudo puritanismo. De fato, a aversão pela seriedade tipificou as classes altas inglesas até a era de Oscar Wilde, na qual ser sério, em certo sentido da palavra (na época, o termo poderia ser um código para "gay"), era muito mais valorizado que a seriedade em seu sentido comum. Se as pilhérias e zombarias eram implicitamente políticas para os cavalheiros do século XVIII, isso se dava, entre outras razões, porque eram os zelotes de lábios cerrados e os sectários preconceituosos que esses apólogos da sociabilidade tinham em mente. Poderíamos afirmar, com apenas um toque de hipérbole, que o bom humor foi uma retaliação verbal à revolução.

Para o duque de Shaftesbury, praticar o espírito cômico era ser natural, flexível e tolerante, em vez de rígido e fanático. O humor era um esplêndido paliativo para "a ilusão supersticiosa e melancólica".[10] A sátira, com sua rude beligerância, é um resíduo cultural de um mundo mais abrasivo e agonístico, e hoje deve ser temperada pelo bom humor e pelo espírito eirênico que brota da crença das classes elegantes em sua própria e inexaurível benevolência. Homens e mulheres devem ser seduzidos à virtude, e não censurados, receber complacência, e não queixas. Como observou o historiador Keith Thomas, o início do século XVIII foi um período no qual "o humor se tornou mais gentil e [...] bizarras peculiaridades de personalidade não eram aberrações exigindo ataque satírico, mas excentricidades gentis que deviam ser apreciadas e saboreadas".[11] Hegel observou, em *Cursos de estética*, que, na comédia moderna, as imperfeições e irregularidades são objeto de diversão, e não desdém. Para os sátiros tory do século XVIII, ao contrário, as aberrações em relação à natureza humana comum eram anomalias potencialmente perigosas que precisavam ser corrigidas, o que não significa que também fossem fonte de diversão. Tal ótica dupla pode ser encontrada na obra de Ben Jonson. Para uma arte literária bem menos reprovadora, ao contrário, as estranhezas são causa de cordial diversão, como para Sir Roger de Coverley, da *Spectator*, Parson Adams de Fielding ou o santo Tio Toby de Sterne. Congreve definiu o humor como "singular e inevitável maneira de fazer ou dizer algo que é peculiar e natural a um único homem e pela qual sua fala e suas ações são distintas das dos outros homens".[12]

"Inevitável" é o termo que devemos enfatizar. O humor, nesse sentido da palavra, é na verdade uma forma de determinismo. Como faz parte do caráter, inato em vez de escolhido, segue-se que repreender homens e mulheres por sua excentricidade é ilógico. Falar de "homens e mulheres", entretanto, não é apropriado, uma vez que, na visão de Congreve, o humor é um fenômeno amplamente confinado aos homens — e, de fato, aos ingleses. As mulheres, dada a natural frieza de suas naturezas, tendem a ser deficientes nessa questão. O argumento, de todo modo, é que o cômico é agora praticamente sinônimo de idiossincrático. Na verdade, está ficando difícil distingui-lo do puro individualismo. Se o humor significa o sabor inimitável de uma personalidade particular, então todos os indivíduos são humorísticos, embora alguns o sejam mais, no sentido de mais bizarros, anômalos ou grosseiros. E, como a individualidade deve ser valorizada, uma indulgência peculiarmente inglesa com tais fraquezas ("O que seria do verde sem o amarelo", "O mundo seria estranho se fôssemos todos iguais") começa a surgir.

HUMOR E HISTÓRIA

O humor em questão decerto é refinado e elegante, ao passo que os clichês de bar não o são. Nesse sentido, como vimos, os autores do século XVIII podem reprovar tanto as gargalhadas quanto seus predecessores puritanos. Em uma carta, Lord Chesterfield aconselhou ao filho que ninguém jamais deveria ouvi-lo rir. Havia amplos rumores de quem nem Swift nem Voltaire toleravam tal grosseria. (Samuel Johnson, em contraste, tinha a reputação de ser um risonho inveterado.) A espirituosidade genuína provoca sorrisos, e não gargalhadas explosivas, assim testemunhando a supremacia da mente sobre os sentidos servis. O humor é uma característica do corpo, ao passo que a espirituosidade é uma faculdade da mente. Os ensaístas Joseph Addison e Richard Steele defenderam um modo sóbrio e polido de alegria, embora, em outras questões, a sobriedade não fosse o ponto forte de Steele. O humor devia ser saneado e gentrificado, por medo da palhaçada e da bufonaria.

Grande parte do culto à simpatia floresceu nas margens gaélicas da nação, onde as relações sociais eram muito menos sujeitas ao credo do individualismo possessivo e onde as noções de comunalidade ainda podiam florescer. Nas áridas condições de vida nas terras altas escocesas ou no oeste da Irlanda, as relações humanas eram muito menos racionalizadas, burocratizadas, comercializadas e anonimamente administradas que no centro metropolitano. O gaélico pode ter sido estereotipado como bárbaro violento, mas também foi um modelo de socialização. Uma descrição de Oliver Goldsmith, que nasceu nas terras médias irlandesas, combina perfeitamente com a caricatura:

> A generosa afabilidade, a transparente simplicidade de espírito, as rápidas transições do humor mais grosseiro para a piedade mais gentil e aquela deliciosa animação que sobrevivia a todas as profundezas da miséria — quem separaria essas características do solo irlandês no qual elas cresceram, no qual os impulsos ainda predominam sobre a reflexão e a consciência, no qual a mais impensável benevolência ainda se passa por considerada bondade e no qual os mais graves deveres da vida podem ser superados pelo prazer social ou pela louca excitação?[13]

88 HUMOR

É interessante notar como a descrição se torna constantemente mais amarga à medida que se estende, até que aquilo que começou como elogio condescendente se transforma em tapa nos dedos. Aqui está, mais intensamente que nunca, o gaélico com seus olhos brilhantes e um sorriso nos lábios, embora sua mão esteja cerrada em torno do caneco de cerveja. Richard Steele, nascido em Dublin, a despeito de ser descendente de ingleses, supostamente exibia as qualidades estereotipicamente irlandesas da vivacidade, do bom humor e da camaradagem jovial e, como seu compatriota Oliver Goldsmith, achava os ingleses rudes e insociáveis. Ambos os autores, no entanto, afirmaram ter detectado corações gentis por baixo do pétreo exterior. O cidadão inglês médio, afirmou Steele com excessiva generosidade, esconde, sob seu ar áspero e o comportamento altivo, imensa compaixão e uma ternura quase feminina, ao passo que Goldsmith acreditava que seus compatriotas adotivos, embora mal-humorados por fora, tinham um coração que se comovia com a menor angústia.

Gladys Bryson observou que alguns teóricos escoceses do Iluminismo contrastaram uma ordem social fundada no parentesco e nos costumes com uma baseada em relações mais impessoais, e eram, na maior parte dos casos, favoráveis à primeira.[14] "A sociabilidade, e não o individualismo", observou outro comentador, "era o ingrediente crítico na definição escocesa de sensibilidade".[15] A sociedade não devia ser vista como uma questão contratual, à maneira de Hobbes e Locke, mas como uma extensão da unidade doméstica e, por consequência, como natural aos seres humanos. Foi a necessidade de preservar um senso de comunidade e economia moral em uma ordem social cada vez mais autointeressada que inspirou alguns pensadores ao norte da fronteira inglesa a elogiarem as virtudes cooperativas. O filósofo escocês Adam Ferguson contrastou sombriamente a solidariedade da cultura baseada em tribos ou clãs com os "indivíduos distantes e solitários" da sociedade comercial moderna. Nessas condições, argumentou ele, a malícia, a inveja e a competição destroem os laços da afeição humana. A despeito disso, ele ainda foi capaz de acreditar, em um espírito anti-hobbesiano, que "o amor e a compaixão são os mais poderosos princípios humanos".[16] Seu

HUMOR E HISTÓRIA

colega Adam Smith, travestido, em nossa época, de defensor empedernido do livre mercado, também via o espírito comercial como debilitante, e tanto ele quanto Ferguson partilhavam do que Bryson chamou de "ética do sentimento".[17] Smith foi um entusiasta da imaginação compassiva ou empática e, por consequência, estava muito mais preocupado com as trocas espirituais que com as comerciais. Ser empático é se colocar no lugar dos outros. Podemos trocar nós mesmos, assim como nossas mercadorias, com nossos compatriotas e, para o Homem Sentimental do século XVIII, essa resposta à angústia ou ao deleite do outro se transformou em um quase patológico culto da sensibilidade.

Foi assim que a filosofia que cantava as virtudes da afinidade, da benevolência e da solidariedade se infiltrou na metrópole a partir de regiões que ainda eram, em alguma extensão, pré-modernas e nas quais o poder dos sentimentos, a autoridade da tradição e o papel social das afinidades pessoais lutavam em uma batalha de retaguarda contra o individualismo econômico e a soberania da lei sobre os costumes. É um problema para as ordens sociais capitalistas o fato de sua racionalidade calculista poder destruir o consenso de sentimentos necessário para suportar e reproduzir suas próprias relações sociais, e a judiciosa importação de tais sentimentos das margens gaélicas, devidamente polidos e refinados, podia responder a esses problemas. Se o Estado político é reduzido a um contrato utilitarista e os indivíduos são vistos como átomos solitários e automotivados, é ainda maior a necessidade por essa sensibilidade partilhada e esse forte sistema de valores, no qual o individualismo competitivo pode correr solto sem risco de perturbação. A sensibilidade, a amabilidade e o bom humor azeitariam as engrenagens do comércio. O romancista do século XVIII Henry Brooke, autor de uma extraordinariamente tediosa peça de ficção intitulada *The Fool of Quality*, escreveu sobre como o mercador "traz as mais remotas regiões para a vizinhança e vice-versa [...] e assim une em uma família e uma única rede a afinidade e a irmandade de toda a humanidade".[18] Em círculos mais radicais, no entanto, o culto da simpatia ameaçava destruir todo esse processo em nome de uma visão menos claramente egoísta de existência social.

Na visão entusiástica de Brooke, a proliferação de relações comerciais entre os homens traria consigo o aprofundamento de suas simpatias mútuas, o que, por sua vez, tornaria a condução do comércio mais suave e eficiente. O intercurso comercial geraria polidez, cimentaria as relações sociais e suavizaria o filisteu burguês ao lhe dar um toque de graça aristocrática. A extensão do comércio e a disseminação do sentimento de camaradagem seriam mutuamente enriquecedoras. Montesquieu, cujo *De l'esprit des lois* está por trás de grande parte dessa filosofia do *le doux commerce*, tinha uma comovedora fé no poder civilizatório das cartas de câmbio. O comércio nos tornaria mais dóceis e gregários e, como esse tipo de riqueza é mais difuso e inconstante, seria menos fácil para um Estado autocrático controlá-la ou confiscá-la. O filósofo escocês John Millar incluiu até mesmo o proletariado nesse bem-estar corporativo: quando os trabalhadores são unidos pelo mesmo emprego e pelo intercurso, afirmou ele, eles "são capazes, com grande rapidez, de comunicar todos os seus sentidos e paixões", e a base para a solidariedade plebeia é estabelecida.[19] A sociedade funciona por certa cooperação prazerosa e instintiva, e uma metáfora vital para essa comunalidade é partilhar uma piada.

Paz, polidez, bom humor e sociabilidade são agora vistos como fundação da prosperidade. Os valores antiquados e nobres da honra, do *hauteur* e da glória militar devem dar lugar às virtudes de classe média da mansidão, civilidade, harmonia familiar e afeição social. Foi, comentou um crítico, "o fim de uma era heroica e o início de uma era sentimental".[20] Na obra do maior filósofo escocês, o sentimento está na fonte de todo julgamento moral. O que distingue um objeto real de um objeto imaginário na visão de David Hume é simplesmente uma intensidade diferente de sentimento. Piedade, compaixão e pacifismo, todos valores dos quais as mulheres parecem as principais guardiãs, devem ser traduzidos da esfera doméstica para a pública. O filósofo irlandês Edmund Burke foi um grande porta-voz dessa estratégia. Ocorre uma nova guinada para o sentimento e a cordialidade, para o que é terno e uxório. A sensibilidade se torna uma retórica do corpo, uma semiótica de corar, chorar, desmaiar e ter palpitações.

Richard Steele, cujo periódico *The Tatler* foi uma força formidável na modelagem desse novo culto às boas maneiras, enviou à esposa cartas cheias de tais desfalecimentos impecavelmente polidos. Ela é sua "querida criatura", "querida governante", "ser mais querido da terra" e, em uma dessas cartas, ele assina como "seu afetuoso, terno e grato marido e amante". Essas notas incompletas, cheias de alusões a Deus, Verdade e Amor, às vezes chegam com oferendas de chá ou guinéus. Em uma carta para informar à esposa que ele estava jantando com Lord Halifax, acrescentou: "Definho e morro por você."[21] "Tenho há muito a ambição de transformar a palavra 'esposa' no mais agradável e delicioso nome da natureza", derreteu-se Steele na quadragésima edição de *The Spectator*. Havia uma nova forma de masculinidade em desenvolvimento, hostil à falsa espirituosidade e à libertinagem aristocrática, desposando as virtudes da verdade, da mansidão, da simplicidade, do bom senso, da não violência, da generosidade de espírito e do afeto conubial. A imaginação empática — um rápido e intuitivo senso do que os outros estão sentindo — pertence a essa sensibilidade feminizada. Deus, argumentou Steele em *The Christian Hero*, criou para nós uma natureza comum que "nos pressiona, através da sociedade natural, a uma união mais próxima uns com os outros [...] e, através de um feitiço secreto, lamentamos os desafortunados e nos regozijamos com os felizes; pois não é possível, para um coração humano, ser avesso a qualquer coisa humana; através da própria fisionomia e dos gestos dos alegres e dos angustiados, ascendemos e descemos à sua condição".[22] A alegria é "comunicativa", assim como o gracejo. Também para Francis Hutcheson somos naturalmente levados à alegria à visão da magnanimidade de alguém, assim como ficamos nauseados com um odor fétido ou enlevados com uma perspectiva sublime. Os julgamentos morais são tão rápidos e espontâneos quanto os reflexos físicos.

Foi assim que o humor, a simpatia e a animação passaram a desempenhar papel central em todo o programa da política cultural. Uma das principais tarefas da república das letras era instruir uma insensível burguesia em novos padrões de sentimento, amenizando sua obstinação com uma infusão de boas maneiras, civilidade e afeições domésticas. A publicidade da edição de 1780 das obras completas de Laurence Sterne prometia que lê-las geraria benevolência na sociedade. A ficção, o teatro e o jornalismo deviam ser pressionados a participar de uma campanha para estetizar a existência social ao imbuí-la de certa graça, elegância e sensibilidade moral, percorrendo todo o caminho das homilias contra os duelos até os tributos ao comércio. As classes médias deviam ser refinadas e a insolente aristocracia, domesticada. A filosofia moral devia ser recuperada dos clérigos e acadêmicos e adaptada ao clube, ao salão e à cafeteria. O novo meio cultural deveria ser caracterizado não pela frivolidade (um vício da classe alta), mas por uma irreverente agilidade de espírito que poderia facilmente resultar em riso.

Mesmo assim, se o humor podia surgir com facilidade nesse clima cultural, essa mentalidade chegava mais fundo que a mera piada. Tratava-se da inspirada visão de uma classe social em ascendência, cada vez mais segura e confortável com si mesma — uma falange estoicamente protestante de banqueiros, advogados, clérigos, proprietários de terras, mercadores, empreiteiros, agentes e empreendedores que sentiam (corretamente, como se viu) que a história estava do seu lado e que estava ocupada consolidando sua identidade cultural, junto a suas terras e seu capital. Encorajada pelo poder imperial, a economia em rápida expansão e um lucrativo comércio colonial, essa classe média emergente achava mais prudente e rentável negociar com a nobreza e aristocracia, em vez de confrontá-las cara a cara nas barricadas. Embora tivessem limitado a insolência do *ancien régime*, os membros dessa classe também desconheciam o medo da insurreição vinda de baixo que foi a praga de seus herdeiros capitalistas industriais. O humor, a benevolência, o sentimentalismo e um toque de autossatisfação panglossiana eram seus fatores de bem-estar. O potentado whig Shaftesbury estabeleceu uma surpreendente conexão direta entre a prevalência da espirituosidade e o livre comércio: "A liberdade e o comércio elevam (a espirituosidade) a seu verdadeiro padrão", observou ele, ao passo que as restrições ao comércio a reduzem a um nível terrivelmente baixo.[23] Tanto a comédia quanto a espirituosidade, defendeu, apresentam implicações políticas e econômicas. Em sua qualidade generosa, franca e despreocupada, elas podem subverter o autocrático e o autoritário.

HUMOR E HISTÓRIA 93

Assim como as especulações de Hobbes sobre o riso refletem uma visão de mundo mais generalizada, o mesmo faz a resposta de Francis Hutcheson a elas. Está se tornando impossível, reclamou Hutcheson, falando de Hobbes, apelar "às velhas noções de afetos naturais e instintos generosos, o senso comum, o decoro e a honestidade". Em vez disso, tudo é uma questão de egoísmo, e "o próprio riso deve ser uma alegria da mesma fonte".[24] Hutcheson ficou escandalizado com a noção de que o autointeresse estava na origem das ações humanas e defendeu uma concepção menos cruel do comportamento humano. "Os homens", escreveu ele, "aprovam profundamente a beneficência que consideram gratuita e desinteressada".[25] "Assim que qualquer ação é representada como fluindo do amor, da humanidade, da gratidão, da compaixão, como um estudo do bem nos outros e um deleite com sua felicidade, embora estejam na parte mais distante do mundo, sentimos alegria, admiramos suas adoráveis ações e elogiamos seu autor".[26] Os defensores do autointeresse jamais poderiam responder pelas "principais ações da vida humana, como amizade, gratidão, afeição natural, generosidade, espírito público e compaixão".[27]

Por baixo da abordagem da comédia feita por Hutcheson há uma visão notoriamente animada da natureza humana, sobretudo para um ministro presbiteriano de Ulster. Todos os seus textos são um ataque contra o egoísmo filosófico. A noção de *Schadenfreude*, tão central para pensadores posteriores como Nietzsche e Dostoievski, não encontra apoio em sua ética generosa e inocente. Nossa mente, defendeu ele, mostra um forte viés "na direção da bondade, ternura, humanidade e generosidade universais, assim como desdém pelos bens privados".[28] A virtude, em sua visão, incluía "uma inclinação ao contentamento, o deleite de causar alegria a outros, que causa uma secreta aprovação e gratidão em relação à pessoa que nos colocou em tal estado mental agradável, inocente, amável e tranquilo, como quando estamos conscientes de estar desfrutando de uma conversa agradável, animada pelo riso moderado".[29] O anunciador do reino de Deus é agora menos a igreja que o clube. A bondade e a diversão sensual estão intimamente entrelaçadas, e a benevolência é um tipo de robusto prazer corporal. Podemos saborear o deleite de atos de generosidade assim como podemos estalar os lábios à vista de um suculento prato de camarão.

No displicente helenismo de uma classe média autoconfiante, o cidadão benevolente e o *bon vivant* se tornam difíceis de diferenciar. O compatriota de Hutcheson, Laurence Sterne, que nasceu em Tipperary, falou da "gloriosa luxúria" de fazer o bem. A virtude é altruísta, desinteressada, gratificante e gratuita. Ela vai além do cálculo autointeressado e, como a estética, constitui sua própria recompensa. De todas essas maneiras, ela se opõe à racionalidade de mercado, uma afronta à ordem social para a qual nada existe para seu próprio deleite. Esse tipo de virtude é inimigo de toda autorrepressão puritana, e o riso é seu sinal externo. Tal riso é o tipo de enunciação que os linguistas chamam de "fática", significando que o enunciador está focado no próprio ato da comunicação. Não rimos disso ou daquilo, mas para mostrar que nos regozijamos na companhia do outro e não lhe desejamos mal — para mostrar, por exemplo, que não estamos prestes a iniciar uma crítica brutalmente franca de seu caráter ou aparência física —, e o outro ri, por sua vez, porque exulta com essa cordialidade e também pretende expressar a mesma mensagem. Temos prazer em agradar aos outros, mas também em deixá-los ver que estamos bem-dispostos em relação a eles e desejamos entretê-los, um entretenimento que é intensificado por sua feliz resposta a nosso bom humor e por seu similar desejo de serem agradáveis. Trata-se, portanto, de um processo autogerador, com o riso mútuo tendendo a gerar ainda mais mutualidade. A desinibição social dessa natureza é, de fato, a função mais comum do riso, ainda mais que o ato de contar piadas.[30] O bom humor, informam os sociólogos, é mais disseminado que o humor. Susanne Langer observou que, ao passo que o humor necessita de um objeto, o riso, que pode surgir simplesmente do prazer com a companhia de alguém, não necessita.[31] Kundera disse algo similar em *O livro do riso e do esquecimento*, afirmando que há um tipo de riso sem objeto, uma "expressão do ser celebrando ser". Quando os participantes da plateia de uma comédia urram de rir, estão respondendo a uma situação no palco, mas também à animação uns dos outros, deliciando-se nessa solidariedade de som e nesse

HUMOR E HISTÓRIA 95

momentâneo coleguismo. O chiste freudiano, uma mera peça de trocadilho, é comédia dessa natureza — embora não a piada, que, na visão de Freud, é alimentada por outros motivos.

Para Hutcheson, o humor surge não da condescendência, mas precisamente da implosão de tais atitudes senhoris — da perfuração da inflada grandiosidade e do rebaixamento dos poderosos. Ele representa "um dos elos, e não o menor, da amizade comum"[32] e, como tal, é um antegozo da eterna festividade do reino de Deus. Mas, se antecipa um mundo futuro de satisfação sensual, também é, de acordo com a igreja, um instrumento para atingi-lo, criando concórdia onde antes havia solidão e estranhamento. Nada é mais instantaneamente comunicativo, observou Hutcheson, que uma boa piada. A piada é agora metáfora de todo um conjunto de relações sociais amigáveis e, portanto, é um enunciado profundamente político. Embora seja uma versão terrena da *caritas* divina, é também o protótipo de uma sociedade mais camarada. O mundo, como lembrou Laurence Sterne, está cheio de gracejos, e sua própria arte literária foi uma de suas muitas parteiras. Para ele, como para Hutcheson, o que este planeta grávido tenta dar à luz é uma ordem social mais amigável. É uma república de cidadãos livres e iguais que a *bonhomie* do clube ou da mesa de jantar prefigura. No quarto volume de *A vida e as opiniões do cavalheiro Tristram Shandy*, Sterne falou de sua ambição de construir "um reino de súditos abertamente risonhos". Rir junto é partilhar uma comunhão corpórea e espiritual cuja analogia mais próxima é a refeição festiva. Nessa unidade de físico e mental, o riso é uma refutação do dualismo cartesiano. Não há razão para essa reciprocidade além de seu próprio autodeleite, e é por isso que o riso tem certa afinidade com a arte. O humor dessa natureza é uma crítica implícita à racionalidade instrumental. Ele existe puramente pela alegria do contato.

Nem todos os paroquianos de Hutcheson foram arrebatados por suas opiniões progressistas. Um membro insatisfeito de sua igreja, roubado de sua dose semanal de fogo do inferno pelos sermões liberais do ministro, descreveu-o como "louco insensato" que tartamudeara durante uma hora sobre um Deus bom e benevolente, sem uma única palavra sobre as confortáveis velhas doutrinas de eleição, reprovação, pecado original e morte. Que o homem seja tão pouco conhecido hoje em dia é quase um escândalo. Ele foi o pai da filosofia escocesa, um pensador que ensinou a David Hume muito do que ele sabia e que teve profunda influência sobre os escritos iniciais de Immanuel Kant. Nas mãos de seu pupilo Adam Smith, seu pensamento econômico ajudou a estabelecer as fundações do mundo moderno. Ele foi um republicano convicto que assumiu uma linha radical à direita dos oprimidos para derrubar um poder governante injusto. Foi também uma influência seminal sobre Thomas Jefferson e, portanto, um importante ator intelectual na Revolução Americana. Algumas de suas ideias foram importadas de volta para sua nativa Irlanda, na forma das doutrinas insurrecionais dos Irlandeses Unidos. Ele defendeu os direitos de mulheres, crianças, servos, escravos e animais; falou do casamento como parceria entre iguais; denunciou o poder patriarcal; foi julgado por heresia em Glasgow e exibiu uma atitude notavelmente esclarecida em relação às culturas não ocidentais. E até mesmo falou bem dos alienígenas.

O culto à benevolência não permaneceu inconteste. Se o humor é uma imagem da boa vida, então a virtude deve ser tão espontânea quanto o riso e, sendo assim, como pode haver uma questão de mérito? A bondade se torna instintiva e, embora possamos ser amados por ela, não podemos ser elogiados por ela. Ademais, isso não reduz a ação correta a um tipo de capricho. Devemos ser compassivos apenas quando temos vontade? Nessa teoria, parece que somos levados a ser empáticos e compassivos do mesmo modo que somos levados a tirar o dedo do fogo ou enxergar um hipopótamo. "Simplesmente ser atingido por um súbito impulso de compaixão à vista de um objeto angustiado", escreveu um comentarista de forma ácida, "não é mais benevolência que uma crise de gota".[33] Há perigo em subjetivar a moralidade, e os tradicionalistas morais daquela era o temiam profundamente. "As noções generosas [dos sentimentalistas]", escreveu sardonicamente Sir John Hawkins, "suplantam todas as obrigações: elas são uma lei em si mesmas, e ter *bons corações* e fartura do *leite da bondade humana* está acima das considerações que sujeitam o homem às regras de

HUMOR E HISTÓRIA

conduta fundadas no senso de dever".[34] Samuel Taylor Coleridge mais tarde observou, em seus *Aids to Reflection*, que o dano causado por Sterne e seus discípulos sentimentalistas superava todo o mal infligido por Hobbes e pela escola materialista. Goldsmith, que aprovava a benevolência, mas não gostava do sentimentalismo, sentia o mesmo: a verdadeira generosidade, insistiu ele, é um dever moral com toda a força da lei, uma regra imposta pela razão, e não por nossos caprichos.[35] O comentário é coerente com a visão do Novo Testamento de que o amor, no sentido de *caritas* ou *agape*, tem pouco a ver com sentimento. Seu paradigma é o amor pelos estranhos e inimigos, não amigos e familiares. De todo modo, a benevolência como ideologia social não sobreviveu. Em um estágio posterior de sua evolução, em meio ao capitalismo industrial e dos conflitos imperiais, as classes médias europeias adotaram uma versão menos vivaz da natureza humana. O livro de Freud sobre os chistes, que, como grande parte de sua obra, retorna, em certo sentido, à visão hobbesiana da humanidade, é um bom exemplo.

De modo geral, o bom humor é uma questão de sorrir, ao passo que o sentimentalismo é uma questão de misturar os sorrisos às lágrimas e, portanto, algo ligeiramente masoquista. Sentimos uma agradável compaixão pela adversidade humana, do mesmo modo que, para o esteta do século XVIII, a experiência do sublime envolvia um senso de êxtase à perspectiva de ser arrasado e soterrado. Gratificado por seus próprios e delicados sentimentos, o sentimentalista os exibe como mais uma mercadoria emocional. A benevolência e a imaginação empática são faculdades centrífugas que nos levam para além de nós mesmos, ao passo que o sentimentalismo é secretamente centrípeto, uma condição autorreferente na qual luxuriosamente consumimos nossas próprias sensações. Trata-se, na verdade, de uma forma indireta de narcisismo, no qual simpatizamos com nosso próprio ato de simpatizar. O Homem Sentimental é um pelicano moral que se alimenta de seus próprios órgãos internos. O objeto de seu deleite ou angústia nada mais é que uma ocasião para as emoções reificadas a que ele dá origem. Como John Mullan observou, "a intensidade de uma experiência especial de sentimento" foi, no século XVIII, "um substituto para as simpatias comuns e prevalentes".[36] O sentimentalismo transforma o sentimento em fetiche, reagindo com exagero a uma ordem social que lhe dá pouca importância. O sentimentalismo e o utilitarismo são lados da mesma moeda, do mesmo modo que, para Marx, o romantismo e o utilitarismo. A "sensibilidade", como era chamada naquela época, pode ser um tipo de patologia, um sinal de reprodução neurastenicamente excessiva. Em *Uma viagem sentimental*, de Sterne, Yorick sonha com imagens de aflição a fim de saborear o orgástico prazer da piedade. A escritora irlandesa Lady Morgan se queixou, em suas *Memoirs*, de sua "organização física infeliz, essa suscetibilidade nervosa a toda impressão que circula por meu corpo e aguça todo o sistema",[37] mas, na verdade, ela estava apenas se vangloriando de quão compassiva era. Os destituídos e deficientes são uma oportunidade caída do céu para exercer a filantropia. Como reconheceu William Blake, a piedade costuma implicar que a catástrofe já ocorreu e que há muito pouco a fazer além de lamentar.

Foi a corrente do sentimentalismo que chegou ao século XIX. Vimos que houve diferenciação, na cultura do século XVIII, entre o benevolente e o sentimental — entre, digamos, Fielding e Steele ou Goldsmith e Sterne. Dickens, por sua vez, achou difícil haver um sem o outro. Henry Fielding estava convencido de que a virtude era natural à humanidade, embora compreendesse seus aspectos absurdos e suspeitasse, à sua obstinada maneira, que a tolice e a malandragem eram muito mais prevalentes, ao passo que há muito pouco dessa força moral na sensibilidade de Dickens. Uma de suas marcas registradas como romancista, entretanto, foi uma mistura distintiva entre o sentimental e o grotesco, dois modos literários que puxam em direções opostas. Se o sentimentalismo lida com as principais emoções da piedade, da compaixão, da ternura e outras similares, o grotesco lida com o bizarro, desviante e excêntrico. Os romances às vezes misturam os dois ao serem levados à lágrima e à piscadela por uma excentricidade afável.

Grande parte dos personagens de Dickens são humorísticos no sentido tanto medieval quanto moderno da palavra — hilariamente cômicos, mas cômicos em razão de suas impressionantes idiossincrasias. Essa peculiaridade tampouco é simplesmente engraçada. Ela pode ser tão alarmante quanto

HUMOR E HISTÓRIA

é divertida. Os excêntricos de Dickens tendem a estar presos na camisa de força de seu próprio temperamento, compulsivo, obsessivo e patologicamente repetitivo, presas de suas personalidades inflexíveis, livres para serem eles mesmos, mas escravos de sua própria singularidade. Alguns de seus personagens executam suas identidades como em uma peça de teatro de rua, com sua individualidade sendo apenas máscara e superfície, ao passo que, em outros, o self é um enigma enterrado em profundezas inacessíveis. Seus excêntricos, em contrapartida, tendem a ser atores notoriamente ruins, incapazes de se desviar do que são, presos em sua individualidade como um prisioneiro em sua cela. Os excêntricos divergem das normas sociais, mas seu comportamento é tão previsível quanto um motor a vapor. Sua bizarrice pode estar enervantemente próxima da loucura e da monstruosidade, ou ser apenas um tipo aterrorizante de egoísmo. Nessa ordem social atomizada, homens e mulheres ocupam seus próprios e herméticos espaços, seus modos de comunicação são opacos ou estranhos e suas relações muitas vezes são apenas um mero entrelaçamento de esquisitices. A fala é menos lúcida autorrevelação que apenas outra característica voluntariosa de um indivíduo, como uma maneira de caminhar ou uma torção da boca. Os personagens têm traços que são marcas registradas, como o choramingo lisonjeiro, a impertinência resmungada, a fala ultrarrápida, o discurso piedoso ou a digressão verborrágica. O *sensus communis* tão prezado por Addison e Hutcheson foi fragmentado em individualismo errante, um que agora, ironicamente, é representativo de toda uma condição social. Há alguns anos, um deão de Oxford costumava ficar no balcão de um pub com um papagaio no ombro, com seu óbvio deleite por seu próprio desprezo pela convenção um pouco diminuído por seu igualmente óbvio medo de que o pássaro defecasse em sua camisa.

E se a virtude fosse apenas outro humor, como nos irmãos Cheeryble de *Nicholas Nickleby* ou Mark Tapley de *Martin Chuzzlewit*? E se sua generosidade não fosse mais que um capricho privado? O sentimentalismo também foi amplamente privado de sua dimensão social e recuou para a arena doméstica, que se tornou menos um microcosmo da esfera pública, como para Steele e Burke, que uma fuga dela, como na casa suburbana fortificada e cercada por um fosso de Wemmick em *Grandes esperanças*. O espírito festivo sobreviveu, mas foi em grande parte privatizado, conforme a generosidade pickwickiana se tornou cada vez menos efetivo. Ao chegarmos ao John Jarndyce de *A casa soturna*, a filantropia de olhos brilhantes e bochechas gordinhas dos absurdos irmãos Cheeryble declinou para um tipo decididamente mais apagado de benevolência. Dissociado de um mundo de fatos brutos, o sentimento se voltou para si mesmo, tornando-se autoindulgente, no melhor dos casos, e patológico, no pior.

Mesmo assim, a ficção de Dickens continuou a olhar de modo indulgente para as fraquezas humanas, por mais sinistras ou perturbadoras que fossem, e, como tal, assumiu seu lugar na arte cômica inglesa convencional. Se há algo engraçado (no sentido de cômico) no engraçado (no sentido de peculiar), é porque o aberrante é incongruente. Há um contexto político para essa indulgência afável. Em seus *Essays on Poetry and Music*, James Beattie defendeu que o humor floresce na idiossincrasia, e que tais peculiaridades de temperamento florescem mais vigorosamente em nações livres. O despotismo, defendeu ele, destrói a diversidade e, junto com ela, a excentricidade. Em sociedades não autocráticas, os indivíduos podem seguir seus caminhos distintos, e essa singularidade é propícia à comédia. Quando homens e mulheres são amontoados em cidades, no entanto, essas agradáveis esquisitices desaparecem, comprimidas por um estilo de vida mais uniforme. A comédia, portanto, é mais rural que urbana, o espírito daqueles que estão isolados do intercurso social sofisticado. Mesmo assim, Beattie insistiu que os "selvagens" são pouco dados ao riso e que a espirituosidade só surge na cena social em contextos monárquicos civilizados como o dele. Tais regimes estabelecem a paz, assim fornecendo aos indivíduos suficiente sensação de segurança para se envolver em negócios privados e na prática regular do humor. Parece que reis e rainhas são condições indispensáveis para a comédia. Além disso, em tais sociedades, pessoas de todas as classes podem se mesclar livremente na esfera pública, o que gera espirituosidade, cortesia e polidez.

HUMOR E HISTÓRIA

A ordem social ideal de Beattie, portanto, parece ser uma na qual a população exibe suas charmosas peculiaridades de caráter no ermo rural, ao passo que os cavalheiros cintilam nos cafés metropolitanos. Suas restrições ao Estado autocrático como desfavorável à comédia foram ecoadas, dois séculos depois, por Harold Nicolson, que nos informou, em *The English Sense of Humour*, que "o senso de humor não pode prosperar em uma sociedade totalitária ou sem classes nem em uma sociedade em processo de revolução".[38] Trata-se, de fato, de um argumento convincente contra a abolição das extremas desigualdades de renda o fato de ela poder extinguir os trocadilhos e tiradas, e os esquerdistas deveriam prestar atenção a ele. E se acabássemos com as gargalhadas ao acabar com o capitalismo? Nicolson afirmou pretender excluir de suas reflexões qualquer consideração do "ácido", amargo, sardônico e ridicularizador humor proletário, embora tenha afirmado, de maneira meio contraditória, que os ingleses riem das mesmas coisas, independentemente da classe social. Mesmo assim, ele é flexível o bastante para indicar que "as classes proprietárias [...] têm uma apreciação muito vívida do humor *cockney* e o veem com afeto".[39] O humor inglês, defendeu ele, é caracterizado pela tolerância, generosidade, simpatia, compaixão, gentileza, afeição, timidez e reserva. Como os próprios ingleses, suspeita tanto do intelectual quanto do extremista e é, em seus melhores momentos, brincalhão, infantil, reconfortante e inofensivo. Suspeito de que Nicolson não teria sido um grande fã de Sarah Silverman.

Para autores como Sterne e Dickens, o humor é, entre outras coisas, uma maneira de manter o áspero mundo à distância, assim como de celebrar a camaradagem e se deleitar com o curioso e o exótico. A Shandy Hall de Sterne é um cafundó rural estagnado, povoado por aberrações, lunáticos e médiuns aleijados, uma esfera de projetos frustrados, impotência sexual e desventuras grotescas na qual o riso é uma das poucas formas de defesa, recompensa ou transcendência à mão. Outra é a própria escrita, que continua a florescer mesmo nessas condições estéreis. O estado da espécie humana não pode ser tão extremo quanto parece se pode produzir romances tão soberbos quanto esse. Retratar tal calamidade de maneira tão envolvente é superá-la. Dickens também criou cenas de desventura humana (Dotheboys Hall em *Nicholas Nickleby*, por exemplo, ou o esquálido antro de Fagin) com uma verve cômica e um brio que transcendem a miséria que descrevem. Mesmo assim, se Sterne defendeu a hilaridade como modo de vida, foi em grande parte como profilático contra a desordem humana que viu em torno de si. Matthew Bevis sugeriu que a própria ordem das piadas compensa a confusão da mortalidade humana.[40]

Os ingleses sempre sentiram afeto pelos tipos teimosos e não conformistas, homens e mulheres que, como os excêntricos de Dickens, não reconhecem nenhuma lei senão a própria. Tais tipos são caricaturas dos ingleses livres. As pessoas que enfiam um furão nas calças ou vão para o trabalho montadas em um bebê rinoceronte poderiam muito bem ser honradas pelo palácio de Buckingham. É sem dúvida por essa razão que os ingleses amam um lorde, uma vez que os aristocratas são anarquistas naturais. Aqueles que estabelecem as regras não veem razão para serem limitados por elas. Eles combinam o glamour de sua posição com a audácia de não dar a mínima. O poder absoluto é um tipo de libertinagem que não admite restrições. Enquanto as classes médias se agarram receosamente às formas sociais, as classes altas proclamam seu privilégio ao casualmente ignorar seus limites. Nisso, elas têm algo em comum com o criminoso, que está fora da lei que eles mesmos criaram. Se o criminoso detesta a polícia, os cavalheiros desdenham dela. Quando Brian Howard, um dos decadentes de Evelyn Waugh, foi pego bebendo em um clube durante a madrugada e um policial lhe perguntou nome e endereço, ele supostamente respondeu: "Meu nome é Brian Howard e eu moro em Berkeley Square. O senhor, inspetor, suponho que more em algum subúrbio monótono."

Há, portanto, uma secreta afinidade entre alto e baixo, como entre o rei Lear e seu Bobo. Como atesta o folclore, reis e mendigos são papéis facilmente reversíveis. O proprietário de terras tem laços mais fortes com o caçador ilegal que com o guarda-caça pequeno-burguês. Aqueles que nada têm a perder são tão perigosos, à sua própria maneira, quanto os

HUMOR E HISTÓRIA

que os dominam. É a despreocupação total que saboreamos em Falstaff e Sir Toby Belch, cuja patifaria é apimentada pelo fato de que eles são cavaleiros do reino. Se podem passar tempo com as classes inferiores, é porque a hierarquia pouco significa para aqueles que estão em seu ápice. São os Malvólios de classe baixa e média desse mundo que olham com inveja para as distinções sociais. Quando Belch declara que "Não vou me confinar a ser mais fino do que sou", ele fala como libertário inglês, gerando simpatia em todos aqueles sujeitos grosseiros que destroem os planos do governo para um novo aeroporto ao teimosamente se recusarem a abrir mão de seus 2 acres de terra. A liberdade dos ingleses não jaz em uma vida de vigorosa iniciativa ou ambiciosos esquemas de autodesenvolvimento, mas na liberdade de serem eles mesmos. É a liberdade de ser deixado em paz — não para perseguir desembaraçadamente algum objetivo prodigioso, mas para cuidar do próprio jardim ou colecionar estatuetas de gesso de Lord Nelson. Os ingleses fazem esforços extraordinários para evitar uns aos outros ou fingir que seus compatriotas não estão mesmo ali. Sua celebrada reserva é menos hostilidade pelos outros que a obstinada determinação de deixá-los em paz. Quando os outros são admitidos em seu santuário interno, eles podem ser bastante loquazes.

A tradição do aristocrata inconsequente e devasso é consumada na carreira de Byron, na qual a dissensão política, as aventuras sexuais e a reputação de vilania são difíceis de distinguir. O sangue-azul Shelley foi outro aristocrata rebelde. Após Friedrich Nietzsche, nasceu um novo tipo de aristocrata espiritual, do qual são exemplares Wilde e Yeats, ambos de ascendência anglo-irlandesa. A classe social da qual saíram na Irlanda era notoriamente fanfarrona, devassa, paranoica, beberrona e bastante autodestrutiva. Dotados de uma atitude autoconfiante que o lado menos admirável de Yeats achava profundamente atraente, seus membros podiam ser excêntricos ao ponto da insanidade. O clérigo e romancista gótico Charles Maturin foi proibido pelo bispo de se dedicar à dança frenética, ao passo que certo arcebispo de Dublin, no século XIX, de vez em quando era visto pendurado em correntes e fumando charuto em frente a seu palácio episcopal. John Pentland Mahaffy, o tutor de Oscar Wilde no Trinity College de Dublin, certa vez se arrastou para dentro de uma sala cheia de clérigos vestindo apenas um tapete de pele de tigre. Os velhos iníquos, como Yeats ocasionalmente gostava de ver a si mesmo, andavam de braços dados com um bando de camponeses enlouquecidos e coloridos em conjunta oposição ao mundo monocromático do mercador e do clérigo. As convenções sociais eram para os comerciantes e para a pequena-burguesia britânica. No caso de Wilde, os dândis ingleses e os irresponsáveis irlandeses uniram forças contra o moralismo apático da classe média.

Quando Charlotte Brontë deu ao suposto sedutor de Jane Eyre o nome de Rochester, em homenagem a um notoriamente dissoluto libertino do século XVII, era essa linhagem de rufiões de classe alta que tinha em mente. Seu herói pertence ao panteão dos personagens literários satânicos que são atraentes não a despeito de sua iniquidade, mas por causa dela. O Rochester de *Jane Eyre* é redimido pelo amor de uma mulher virtuosa, mas, em seu romance *Clarissa*, Samuel Richardson não estende tal misericórdia a seu malicioso Lovelace, e a nobreza do romance gótico é, de modo geral, mais predatória que sedutora. Como a própria sexualidade, as classes altas são tanto atraentes quanto alarmantes. Gostamos de suas atitudes indiferentes, mas não da arrogância que jaz em sua base.

Uma grande arma da campanha contra a *gravitas* da classe média é a espirituosidade, uma forma de humor espontâneo que não exige esforço e que, portanto, é um modo cômico apropriado aos vadios de classe alta. Decerto existem outras formas de espirituosidade, mas esse tipo é particularmente proeminente na cultura inglesa. A espirituosidade pode ser tanto polida quanto brutal, assim misturando a elegância e a imperiosidade dos cavalheiros. Ela pode representar um suave filão de violência, pois representa a sublimação da aversão pelos outros em trocadilho e destreza intelectual. Como tal, foi um modo discursivo conveniente para um outsider ambicioso como Oscar Wilde, ávido para impressionar os insiders com seu virtuosismo, ao mesmo tempo que dava vazão a seu *animus* contra eles em uma forma socialmente aceitável. É possível dominar os outros

HUMOR E HISTÓRIA   105

através da força da personalidade, sem empregar nenhuma tática mais violenta. A felicidade verbal de uma tirada pode refletir a perspicácia do falante, uma perspicácia da qual o ouvinte seria incapaz. Nenhum caçador de raposas inglês seria capaz de descrever seu esporte como Wilde o fez ("o indizível à caça do incomível").

Embora as tiradas possam irritar ou ferir, elas também podem dourar a pílula de tal hostilidade através da perfeição de sua forma. A espirituosidade é um tipo de humor que frustra as expectativas convencionais, desviando-se maliciosamente do previsível, mas o faz, na maioria das vezes, de forma leve e casual, sem o rancor do militante político ou a grosseria do burguês. O aristocrata pode exibir sua liberdade das normas sociais, mas ele não está preparado para vê-las ruir juntamente com as fundações de seu próprio privilégio. A espirituosidade pode ser uma forma de frivolidade, mas uma que se redime da mera vacuidade por sua agilidade mental. Ao converter o sério em esportivo, ela demonstra a impassividade do cavalheiro inglês, a quem nada pode perturbar de verdade. O mundo é contemplado como fenômeno estético, despreocupadamente, serenamente, de certa distância privilegiada, sabendo que se está imune ao infortúnio e livre do peso do comércio ou do trabalho. Chistes podem irritar e confundir, mas tiradas espirituosas, em seu ápice, retêm certo langor relaxado. A lenta enunciação e os jogos de palavras de uma tirada podem refletir uma forma mais geral de falta de pressa. De fato, a nobreza inglesa é tradicionalmente tão indolente que nem sequer pronuncia as consoantes, uma coisa tediosa que é delegada à industriosa classe média. Daí vem *huntin'* [caçar], *shootin'* [atirar] e *fishin'* [pescar].

A espirituosidade é afiada, razão pela qual às vezes é comparada ao golpe de um florete. Ela é como um florete em seus aspectos rápidos, elegantes, aerodinâmicos, cintilantes, inclinados, ofuscantes, hábeis, afiados, conflituosos e exuberantes, mas também porque pode perfurar e ferir. Um comentador a viu como sadismo: "Afiada, rápida, alerta, fria, agressiva e hostil."[41] Assim como uma tirada espirituosa, a esgrima combina porte e elegância com uma forma de agressão altamente estilizada, sendo ao mesmo tempo destra e potencialmente mortal. Você pode usar uma tirada para atacar, mas também para se defender, ignorando um insulto com uma demonstração de indiferença. Assim como provar algo, essa forma de comédia permite que o cavalheiro exiba em público sua personalidade do mesmo modo que um esgrimista demonstra sua destreza e, como consequência (uma vez que ele não trabalha), que exiba uma de suas poucas realizações. Ele exibe a si mesmo, não suas mercadorias ou o fruto de seus esforços. Ele não faz esforços. A melhor obra de arte de Wilde foi sua vida, que ele esculpiu com toda a devoção de Michelangelo criando David. A piada, ao contrário, é um modo cômico mais impessoal e pode circular, como uma moeda, de mão em mão, ao passo que as melhores tiradas espirituosas levam a marca pessoal de seu autor. Elas são mais citadas que repetidas.

Uma tirada espirituosa pode parecer natural no sentido de pertinente, na mosca, o tipo de observação que, uma vez feita, pode parecer tanto impressionante quanto autoevidente. É o tipo de comentário que, mais tarde, desejamos ter feito nós mesmos. (Os franceses têm um nome para esse tipo de desejo: *l'esprit d'escalier*, ou espírito da escadaria, que significa a resposta na qual só pensamos quando já estamos saindo da sala.) Era essa pertinência que Alexander Pope tinha em mente quando escreveu, em seu *Essay on Criticism*, sobre a espirituosidade como "algo cuja verdade nos convence à primeira vista / e que nos devolve a imagem em nossa mente". Todavia, a aparente espontaneidade e improviso da tirada espirituosa, a maneira como sua acuidade parece compelir ao consentimento sem nenhum esforço, revela a habilidade por trás dela. Na visão de Pope, a espirituosidade é a natureza aperfeiçoada pela arte. Sem dúvida é esse artifício o que mais admiramos, no espírito da definição de Susan Sontag do *camp* como amor pelo que é brincalhão, artificial, exuberante e hiperbólico.[42] O *camp*, na visão de Sontag, coloca o estilo acima do conteúdo e a ironia acima da tragédia. Ele reflete uma visão cósmica porque vê tudo entre aspas. É desviante, perverso, paródico, teatral e idiossincrático. Como a espirituosidade, é inimigo do sentimento e da empatia. A cínica qualidade de uma tirada espirituosa está na outra ponta da escala cósmica em relação à lágrima e à piscadela.

HUMOR E HISTÓRIA

Há um sentido no qual a espirituosidade pode ser menos um tipo de humor que um modo de vida. Um homem espirituoso é alguém habitualmente espirituoso, ao passo que os chistes e gracejos são esporádicos, breves férias da realidade. Piadas são eventos, ao passo que a espirituosidade significa uma disposição geral. Uma piada irrompe momentaneamente na existência cotidiana da qual a espirituosidade pode fazer parte constante. As piadas muitas vezes são peças de ficção e, como tais, marcam um contraste com o mundo rotineiro, ao passo que as tiradas espirituosas em geral não o são. O espirituoso ou dândi estetiza sua vida e sua linguagem, dando-lhe o fio e o polimento de um floreio clássico, e, como tal, está sempre em serviço. Ele jamais pede que lhe passem o sal sem revestir seu pedido em uma forma epigramática. A espirituosidade desse tipo é uma postura geral em relação à realidade, o permanente e suave divertimento de alguém de certo modo dissociado do mundo e que não está inclinado a perder a compostura e reconhecer seus aspectos mais repugnantes. Em seu tratado sobre a oratória, Cícero fez distinções entre as tiradas mordazes e os contos espirituosos ou irônicos nos quais o humor é mais difuso, entremeado em uma maneira de ver.

Andrew Stott argumentou que a espirituosidade "reconhece o papel do acaso na produção de significados",[43] mas não é, de modo geral, uma forma de humor hospitaleira às contingências ou pontas soltas. Sua tessitura é muito refinada para isso. Se a brevidade é sua alma, como nos informou um personagem shakespeariano que desconhecia profundamente a espirituosidade e a brevidade, é em parte porque concisão e economia são formas de elegância, mas também porque o horror que o cavalheiro sente à ideia de entediar os outros o inspira a tal concisão, ao contrário do laborioso fôlego da mesquinha burguesia. Falamos de uma *shaft* [haste] de espirituosidade como se ela fosse uma lança ou flecha que voa rápida e infalivelmente até seu alvo. O *Oxford English Dictionary* também define *shaft* como relâmpago ou raio de luz, o que captura a subitaneidade da espirituosidade, junto a sua capacidade de iluminar. *To shaft*, além de ser uma gíria para fazer sexo, também significa derrotar ou desconcertar, de modo que alguém pode ser derrotado por uma tirada espirituosa. Trata-se de uma performance verbal autoconsciente, mas é uma que minimiza sua mídia, compactando as palavras no menor espaço possível, consciente de que o menor excedente de significação pode se provar fatal para seu sucesso. Como no caso da poesia, cada unidade verbal deve fazer sua parte, e a cadência, o ritmo e a ressonância de uma tirada espirituosa podem ser vitais para seu impacto. Quanto maior a organização, mais o deslizamento verbal, a ambiguidade, a mudança conceitual e o deslocamento superficial da sintaxe terão efeito. A compacidade de uma tirada espirituosa transforma em alívio qualquer súbita mudança de perspectiva ou inversão de significado. Um bom exemplo é o comentário do grande espirituoso de Dublin Seán Mac Réamoinn de que se sentia como o censo irlandês: dividido pela idade, pelo sexo e pela religião. Quando se trata de inversões de significado, Mac Réamoinn certa vez mudou o clichê de que por dentro de cada homem gordo há um homem magro lutando para sair ao observar que, por fora de cada homem magro, há um homem gordo lutando para entrar.

Sem dúvida, essa condensação é a razão pela qual às vezes se achou que a faculdade da espirituosidade fosse um reflexo do conhecimento intuitivo e não mediado do próprio Todo-Poderoso, que é capaz de se virar sem todo esse negócio desajeitado da comunicação discursiva. Matthew Bevis observou que uma piada sempre diz o que tem a dizer em poucas palavras,[44] e em nenhum tipo de humor isso é mais verdadeiro que na espirituosidade. Ao tornar seu material aerodinâmico, o emissor permite que o receptor economize no esforço de recepção, e essa economia de esforço é parte importante da força cômica da tirada espirituosa. Somos gratificados pela forma lapidar tanto quanto pelo conteúdo revelador. Mais que com quase qualquer outra forma de humor, grande parte de nosso deleite reside no talento artístico do enunciado, e essa é uma das razões pelas quais as tiradas espirituosas não precisam ser particularmente engraçadas para serem divertidas. Em uma interação entre liberdade e restrição, a linguagem recebe permissão para brincar por um momento, mas de forma estritamente regulada.

HUMOR E HISTÓRIA

Pope famosamente definiu a espirituosidade como "Aquilo que muitas vezes é pensado, mas nunca foi tão bem expressado"; mas isso seria confiná-la apenas ao significante, o que não lhe faz justiça. Como decidido neoclassicista, Pope foi levado a adotar essa linha porque, em sua visão, não pode haver, estritamente falando, nenhuma nova verdade. A inovação, na maior parte das vezes, é errante e caprichosa. A espirituosidade pode aprimorar a natureza, como um jardineiro pode revelar a beleza inerente a um terreno, mas não pode produzir nenhum novo insight. Em vez disso, ela nos lembra, em termos incisivamente memoráveis, daquilo que já sabemos. O romântico Hazlitt, para quem a invenção e a originalidade eram virtudes, decerto estava mais perto da verdade quando descreveu a espirituosidade como "uma ágil sagacidade de apreensão, uma felicidade especial de invenção, uma vivacidade do espírito".[45] Como com a metáfora, pode haver um aspecto cognitivo e também um aspecto lúdico. Como com certas piadas complexas, isso pode envolver o súbito prazer intelectual de chegar ao âmago da questão, um pouco como o brando senso de elação envolvido na solução de um quebra-cabeça. Um elemento de surpresa ou momento de iluminação em geral é central à prática. Como George Santayana observou em *The Sense of Beauty*, é uma questão de "inesperada justiça". "Nosso riso quando entendemos uma piada", comentou Matthew Bevis, "anuncia um triunfo: o resgate da destreza cognitiva de uma fraqueza momentânea".[46] Pode-se afirmar que a espirituosidade, em particular, representa uma pequena vitória da mente sobre a matéria — da inteligência criativa sobre a intratabilidade do mundo. Essa certamente era a crença de Wilde. "Quando o homem age, ele é uma marionete", observou o Gilbert de Wilde em *The Critic as Artist*. "Quando descreve, é um poeta." A ação é cega, falha, ignorante e rigorosamente determinada, atolada em uma natureza irrefletidamente repetitiva. A arte ou a espirituosidade, por sua vez, representam um salto momentâneo do reino da necessidade para o reino da liberdade. Elas oferecem alguma compensação para os *longueurs* da existência cotidiana, em especial nas difíceis condições da mais antiga colônia da Inglaterra.

Os prazeres da espirituosidade, portanto, são complexos. Nós nos deliciamos simultaneamente com o talento artístico da forma, a destreza da performance, a economia de esforço da linguagem sucinta, o livre jogo mental, as inversões, subversões, surpresas e deslocamentos de conteúdo, a satisfação intelectual de "entender" e a exibição de personalidade que ela envolve, ao passo que a malícia, insolência ou desdém que podem se esconder por trás de uma tirada espirituosa nos permitem certo alívio indireto. Também sentimos sádico prazer em ver o alvo de uma tirada momentaneamente perturbado. Embora a forma de espirituosidade que examinamos seja distintamente aristocrática, vale lembrar que há também modos plebeus de humor, que passaremos agora a investigar.

5

A POLÍTICA DO HUMOR

Talvez o mais contraditório fenômeno político do mundo seja o nacionalismo, que vai dos campos de morte nazistas à resistência de princípio ao poder imperial. Em termos de pura ambiguidade política, todavia, o humor chega bastante perto. Embora possa censurar, desmascarar e transformar, ele também pode dissolver os conflitos sociais essenciais em uma explosão de hilaridade. O riso mútuo pode ser uma forma de desarmamento mútuo, uma vez que o corpo risonho sinaliza que é incapaz de infligir dano. "Aquele que ri não pode morder", observou Norbert Elias.[1] Desse modo, ele pode nos fornecer a imagem utópica de um futuro domínio pacífico. "Talvez, mesmo que nada mais tenha futuro", escreveu Friedrich Nietzsche, "nosso riso tenha futuro".[2] Todavia, o corpo indefeso e descoordenado dificilmente está em condições de construir essa ordem social. Nesse sentido, a comédia não representa nenhuma ameaça ao poder soberano. De fato, tais poderes têm um interesse velado no bom humor da população. Uma nação desalentada pode se provar descontente. Mas os governantes também exigem que as pessoas comuns sejam diligentes e zelosas no exercício da autodisciplina e levem seus empregos a sério, e tudo isso pode muito bem ser ameaçado por uma onda de euforia gloriosamente irresponsável.

Assim como a arte, o humor pode alienar e relativizar as normas pelas quais vivemos, mas também pode reforçá-las. Na verdade, ele pode reforçá-las precisamente ao aliená-las. Inspecionar o comportamento cotidiano

HUMOR

de alguém com olhos alienígenas não significa necessariamente alterar esse comportamento. Ao contrário, isso pode nos fornecer uma noção mais aguda de sua legitimidade. Em um espírito tipicamente liberal, Jonathan Miller viu o humor como jogo mental livre no qual relaxamos nossas categorias conceituais rotineiras, diminuímos seu despotismo e nos recusamos a ser seus escravos. Podemos então pensar em formas diferentes de classificação, reconfigurando nossas estruturas cotidianas de referência.[3] Mas não há razão para acreditar que isso inevitavelmente resultará em um estado mental mais esclarecido. Por que deveríamos presumir que todas as nossas categorias atuais necessitam ser reconstruídas? A crença na igualdade de gêneros é um obstáculo conceitual do qual precisamos nos livrar? E por que o liberalismo de Miller não deveria ser sujeitado à mesma crítica? A antropóloga Mary Douglas considerou todas as piadas subversivas, uma vez que expõem a arbitrariedade essencial dos significados sociais. "Uma piada", escreveu ela, "simboliza nivelamento, dissolução e renovação".[4] Em um estudo clássico, *Pureza e perigo*, Douglas expôs um argumento similar sobre a sujeira, vista como material inclassificável e fora de lugar que marca os limites de nossas construções sociais, o que dá novo significado ao termo "piada suja". É difícil, porém, chamar Jay Leno ou Graham Norton de subversivos.

No espírito contrário, Susan Purdie argumentou, em um estudo atraentemente ambicioso, que as piadas transgridem a autoridade somente para restabelecê-la, embora tenha ignorado o fato de que nem todas as formas de autoridade são opressivas.[5] Há a autoridade dos dissidentes veteranos e daqueles que os caçam, a autoridade dos movimentos pelos direitos civis e dos governos despóticos. Noël Carroll também defendeu que, ao nos alertar para certas normas sociais, o humor ajuda a reforçá-las.[6] A verdade bem mais tediosa, no entanto, é que às vezes ele faz isso e às vezes não faz. De todo modo, há normas sociais que precisam urgentemente de reforço. É normativo, na sociedade britânica, que os trabalhadores tenham direito, em certas condições, de se negar ao trabalho. Normas nem sempre são mecanismos sinistramente coercivos. Ver o humor, sempre e em toda parte, como reforço do poder é uma posição funcionalista demais, ignorando suas contradições manifestas.

A POLÍTICA DO HUMOR 113

Alenka Zupančič escreveu com temerária generalidade sobre como a comédia "sustenta a própria opressão de dada ordem ou situação, porque a torna suportável e induz à ilusão de efetiva liberdade interior".[7] Konrad Lorenz também tratou o cômico como essencialmente conservador, observando que "o riso forma um elo e ao mesmo tempo estabelece um limite".[8] Ele quis dizer que a solidariedade gerada pelo humor é inseparável da noção de nossa diferença em relação aos outros e, como consequência, pode gerar certo antagonismo em relação a eles. Nesse sentido, o humor é tanto elo quanto arma.[9] Lorenz também achava, no estilo whig, que o humor progrediu historicamente — que somos mais engraçados agora do que éramos na antiguidade, e que o humor contemporâneo é, de modo geral, mais sutil e menos perscrutador que o de nossos ancestrais. Não há muito antes de Dickens, comentou ele, curiosamente, capaz de gerar riso. Ele também defendeu que o ser humano é um animal "autorridicularizador", embora isso possa ser mais verdadeiro no caso dos liberais ingleses que no caso dos republicanos americanos.

Se a solidariedade que é gerada pelo humor depende na verdade da exclusão e do antagonismo, então o humor está em conflito com o sentido cósmico do cômico, que aceite toda a realidade, em seu estilo tolerante e benevolente. Noël Carroll acreditava que onde há um Nós há também, tipicamente, um Eles, mas Francis Hutcheson, entre outros, teria discordado. A utopia da qual o riso é um antegosto não apresenta limites fixos. As plateias dos shows de comédia não se sentem banhadas em uma corrente de euforia coletiva apenas porque têm outro grupo de homens e mulheres contra os quais se sentem indispostas. O humor pode ser conflituoso ou comunitário, difamador ou celebratório, mas tais qualidades não precisam ser lados da mesma moeda. Mesmo assim, há um problema, para a esquerda política, em reconciliar o humor como utopia com o humor como crítica. Para lançar luz sobre essa e outras questões, nos voltaremos agora para o drama clássico de Trevor Griffiths, *Comedians*.

Em uma sala de aula em Manchester, um grupo de aspirantes a cômicos está tendo lições com o já renomado, mas agora aposentado comediante

Eddie Waters, um homem que pensou profunda e longamente sobre a natureza do humor. Seus alunos incluem Ged Murray, um leiteiro; o irmão Phil, um agente de seguros; Sammy Samuels, um judeu de Manchester que dirige um clube noturno de terceira categoria; George McBrain, um doqueiro norte-irlandês; Mick Connor, um operário irlandês; e Gethin Price, motorista da British Rail. Presos em empregos sem futuro, os seis homens veem o sucesso como comediantes profissionais como única solução. Em breve, serão entrevistados para tal carreira por Bert Challenor, um empresário do showbusiness baseado em Londres e antigo adversário de Waters. Agente escorregadio e cínico com um fino verniz de charme, Challenor está à caça de comediantes que mantenham as coisas simples, evitem os pensamentos profundos, deem ao público o que ele quer e ofereçam às pessoas um refúgio momentâneo de suas vidas cotidianas. "Não somos missionários", avisa ele aos alunos de Waters, "somos fornecedores de riso". A comédia, em sua visão, é uma mercadoria vendida para grosseirões que não querem nem são capazes de aprender, e seus praticantes precisam vender essa mercadoria, e não distribuí-la de graça. "Todas as plateias são estúpidas", declara Challenor, "mas o bom comediante não as deixa saber disso". Se podem ser conduzidas, insiste ele, é somente na direção em que desejam ir.

A filosofia do humor de Eddie Waters é um pouco menos primitiva. Em certo momento, ele pede que seus pupilos pensem em alguma experiência desconcertante de suas vidas — "qualquer coisinha que signifique algo para vocês, talvez algo que os constranja, assombre ou assuste, talvez algo com o que ainda não conseguem lidar, certo?". Ged Murray lembra de um momento assustador na maternidade, quando subitamente temeu que o filho recém-nascido pudesse ser deficiente, e então viu, com alívio, que "ele era perfeito". Gethin Price fala da ocasião na qual socara uma professora por chamá-lo de criança de rua e por isso fora enviado para um psiquiatra. Os outros se mantêm em desconfortável silêncio, incapazes de aceitar o desafio de Waters. O que os atordoa não é apenas o convite para demonstrar medo ou fraqueza na presença dos colegas durões, mas o fato de que Waters os instruiu a transformar seus relatos em uma história engraçada.

A POLÍTICA DO HUMOR

Isso não é humor como repúdio. O ponto não é negar a dor, mas permitir que ela ressoe através do discurso, dragando a comédia das profundezas da aflição ou da ansiedade, da raiva ou da humilhação, a fim de investi-la da autoridade daquela experiência. Ao articular o indizível, em um sentido mais exigente que proferir insultos ou obscenidades, ela deve transcender o trauma em questão sem simplesmente negá-lo, um exercício que exige tanto coragem quanto honestidade. Como maneira de liberar os outros para praticar atos similares de confissão, tal humor negro também é uma forma de comunicação e camaradagem. Em sua maioria, os alunos de Waters se mantêm em suspenso como indivíduos ao mesmo tempo que fazem piada, falando sem parar e de modo inconsequente, ao passo que Gethin Price, como veremos em um momento, confessa cruamente seus complexos pessoais. O que Waters requer, em oposição com ambas as estratégias, é uma feia ou assustadora verdade que foi transmutada em arte — modelada, distanciada e superada pelo espírito cômico, ao mesmo tempo que mantém toda sua formidável força.

O oposto de lidar com a própria dor e reconhecer as próprias fraquezas é infligir dor aos outros ao zombar de seus supostos defeitos, que é a que se resume o abuso cômico. Achar a própria perturbação genuinamente engraçada requer certo grau de insight e autocontrole, ao passo que caçoar dos outros é, entre outras coisas, uma maneira de negar as próprias ansiedades. Aprender a confrontar as próprias tribulações sem sentimentalismo ou autoindulgência é, como consequência, uma lição prática sobre como responder ao sofrimento dos outros. "Tememos [...] tanto [...] as outras pessoas", pergunta Waters, "que precisamos pontuar sua dor com nosso riso ou com nossas lágrimas?". "Um comediante de verdade é ousado", comenta ele.

Ele *ousa* ver aquilo que seus ouvintes podem evitar ou temer expressar. E o que ele vê é uma espécie de verdade sobre as pessoas, sobre sua situação, sobre o que as fere ou aterroriza, sobre o que é difícil e, acima de tudo, sobre o que elas *querem*. Para relaxar a tensão e dizer o indizível, qualquer boa piada serve. Mas uma piada verdadeira, a piada de um comediante, tem que fazer mais que relaxar a tensão, ela tem que *liberar* a vontade e o desejo, ela tem que mudar a situação.

Para Waters, o humor é risco, franqueza, perigo, coragem, exposição, intervenção. Embora seja ficção, também contém a honestidade abrasiva da grande arte.

O comentário de Waters é mais ambíguo do que ele parece reconhecer. Os comediantes genuínos dão voz ao que os outros evitam, percebendo a verdade sobre o que os fere ou aterroriza. Todavia, isso também poderia ser dito sobre o humor racista ou sexista, os quais, dando voz às ansiedades étnicas e sexuais da plateia, tentam dizer o convencionalmente indizível. O cômico que chama as mulheres de piranhas e os negros de macacos também articula o que seus ouvintes podem querer, mas evitam ou temem, expressar e, ao fazê-lo, ele também alivia a tensão. As observações de Waters não parecem registrar integralmente esse inquietante paralelo, mas, como se o pressentisse e estivesse ansioso para estabelecer uma distinção entre esse tipo degenerado de comédia e o humor verdadeiramente emancipatório, ele insiste que uma piada de verdade precisa liberar e transformar, e não apenas aliviar.

Quando Gethin Price declama um poema cômico inventivo, mas repulsivamente sexista, Waters responde com esta aterrorizante diatribe:

Sabe, jamais gostei muito dos irlandeses [...]. Grandalhões, broncos, estúpidos, com orelhas enormes, narinas peludas, olhos abobados, gordos, sacudindo as mãos, fedendo a terra e Guinness. Os pretos da Europa. Paus enormes e incontroláveis, espalhando sua espécie degenerada onde quer que se assentem. Se dependesse de mim, eles não se assentariam aqui. Eu os enviaria para o pântano primordial do qual vieram. Cabeças de batata [...].

Eles têm essa qualidade *ensebada*, os judeus. Não se mistura. São batalhadores. Resolvem as coisas. Dinheiro. Sempre dinheiro. Dizer judeu é dizer ouro. Prestamistas, penhoreiros, usurários. Eles têm jeito para isso, como se diz. Hitler disse de modo mais franco: "Se não dermos passos para manter a pureza do sangue, os judeus nos envenenarão e destruirão toda a civilização." O lixo da história. Quase nem são humanos. Vermes [...].

Operários. Sujos. Analfabetos. Matreiros. Agarram tudo que puderem. Sujam a água do banho de carvão. Brigam com todo mundo. Querem batata e cerveja. Sindicatos dedicados a maximizar os salários e minimizar o trabalho. Greve para os vagabundos. Sua ganância. Sua infinita estupidez. Como crianças, incapazes de cuidar de si mesmos. Reproduzindo-se como coelhos, loucos por sexo. E são instigados por suas brutais mulheres. Animais, que merecem ser alimentados com lavagem e presos à noite.

O sórdido discurso inflamado de Waters representava um selvagem ataque à plateia, assim como aos confusos alunos, que estão mais acostumados a ouvir esse tipo de frase saída de suas próprias bocas, e não da dele. Consigo facilmente imaginar teatros atuais nos quais o discurso seria cortado da peça.

Ao saber que Challenor, que carrega o futuro deles na palma da mão, é o tipo de preconceituoso que aprecia um pouco de racismo e mordacidade de seus artistas, a maioria dos alunos de Waters abandona sem cerimônia o que ele ensinou e volta à costumeira combinação de obscenidade e invectiva racista. O operário irlandês Mick Connor, que apresenta uma série de piadas baixas, mas relativamente inócuas, é a exceção, mas Sammy Samuels fornece uma feia lição prática sobre a teoria da superioridade.

Aí o cara das Índias Ocidentais tenta conseguir trabalho em uma construção. O capataz diz: "Sem chance, conheço seu tipo. Eu dou trabalho para um e, no dia seguinte, aparece uma gangue." Ele pede e implora e finalmente consegue o trabalho. No dia seguinte, aparece com um pigmeu. Pigmeu. Desse tamanho. (*Indicando.*) O capataz diz: "Eu falei para não trazer nenhum amigo!" Ele responde: "Esse não é meu amigo, é meu almoço." O que você acha desse movimento de liberação das mulheres? Essas queimadoras de sutiãs? O senhor também queimou sutiãs? Que interessante. Eu queimei o sutiã da minha mulher. Ela ficou furiosa, porque ainda estava usando. Estou em um pub do centro quando uma mulher liberada me agarra pelo

118 HUMOR

colarinho e diz: "Você é um porco chauvinista, brutal, desbocado, sadista, irracional e sexista." Eu questionei: "Imagino que uma trepadinha rápida esteja fora de questão?"

George McBrain prossegue covardemente:

Na quinta-feira passada, eu estava na cama com minha mulher. Ela estava lá deitada, muito quieta, fumando seu cachimbo. Eu me aproximei dela e perguntei: "Você está com vontade de alguma coisa, coração?" E ela respondeu: "Sim, estou com vontade de um africano de um metro e noventa com uma enorme... conta bancária. (*Para a plateia.*) Não se precipitem! Seus malcriados! Eu perguntei: "Ah, é? E o que você acha que ele faria com esse seu bundão?" E ela respondeu: "Por que você acha que eu e ele conversaríamos sobre você?" Ela não diz muito, minha mulher. Fala o tempo inteiro, mas não diz muito.

Ged e Phil Murray fazem uma apresentação conjunta, com Ged tentando seguir os conselhos do professor enquanto Phil, observando Challenor de modo inquieto, insiste em contar uma piada sobre um paquistanês acusado de estupro. Dividida entre duas visões antitéticas do humor, a apresentação é um fracasso constrangedor.

Não há, todavia, nenhuma oposição fácil entre humor como transformação e humor como avilte. Há muitas vantagens no abuso verbal, qualquer que seja a sabedoria convencional de hoje. O zelador da escola entra em cena no final da peça para apagar palavras obscenas do quadro-negro, resmungando "Sujeitinhos sujos" enquanto o faz, mas sua objeção é meramente pudica. Ele falha em ver que a linguagem obscena também serve a uma função. Quando Challenor seleciona o mais rude dos alunos de Waters para o potencial estrelato, Waters diz que ele está tão cheio de merda quanto um intestino grosso, um insulto muito merecido. Como a maioria de seus colegas, Gethin Price também alterou sua apresentação ao ouvir sobre as preferências de Challenor, mas a fim de confrontá-lo, e não de

A POLÍTICA DO HUMOR

obter sua aprovação. Price, uma mistura de bobo da corte, sátiro, parodista, mímico, dissidente e metamorfo, entra em cena com o rosto pintado de branco, vestido como uma mistura de palhaço e valentão, e interpreta um ato assustador e estranhamente ameaçador que envolve zombar e censurar um par de bonecos, um masculino e outro feminino, representando um casal ligeiramente arrogante de classe média-alta em trajes de noite. Ele joga fumaça na cara do boneco, quase atinge sua cabeça com um golpe de kung fu e insulta sua namorada. Prendendo uma flor entre os seios da boneca, ele faz com que uma mancha vermelho-escura apareça no vestido. E termina o ato tocando "The Red Flag" em um minúsculo violino. Algumas pessoas, comenta ele, chamariam seus insultos de inveja, mas ele nega a acusação: trata-se de ódio.

Challenor corretamente descreve a performance misteriosa e estranhamente vanguardista de Price como "agressivamente sem graça", em oposição às rotinas dos outros cômicos, que são tanto agressivas quanto sem graça. O que Price fez foi preservar o jargão e o estilo de uma comédia, ao mesmo tempo que a privou de seu conteúdo convencional. Em um poderoso confronto entre ele e Waters — seu relacionamento é uma mistura sutil de amizade, rivalidade, dissensão e discipulado —, Waters admite que seu aluno foi tecnicamente brilhante, mas denuncia seu ato como "aterrorizante". "Sem compaixão, sem verdade", diz ele. "Você jogou tudo fora, Gethin. Amor, cuidado, preocupação, chame do que quiser, você jogou tudo para fora do palco." O próprio Price afirma que, quando se trata do sistema de classes, amor e compaixão só servem para mistificar uma verdade intragável. Se seu ato foi ofensivo, é porque representa algo ofensivo, e seria hipócrita reclamar do primeiro sem dizer nada do segundo. O argumento se aproxima desconfortavelmente da chamada falácia mimética: a alegação, por exemplo, de que um romance foi projetado para ser excruciantemente tedioso por causa das situações excruciantemente tediosas retratadas nele. A ultrajante charada de Price é deliberadamente estilizada, amortecida e desumanizada a fim de escandalizar o que Bertolt Brecht certa vez chamou de "escória que quer que seu coração seja aquecido". Na visão militante de

Price, esse tipo de sentimento, cuja epítome é a açucarada musiquinha com que os irmãos Murray cantam ao fim de seu desastroso ato duplo ("Ele cuida de mim / Quando as coisas ficam difíceis / Ele puxa as cordinhas / Que secam minhas lágrimas na manga de meu casaco"), é simplesmente a cereja do bolo da exploração, a fachada emocional de uma ordem social cruel. À acusação de Waters de que ele abandonou a verdade, Price responde furioso que a verdade é feia e que Waters, que descobriu isso quando era um jovem cômico batalhando por sucesso, pode ter esquecido:

> Ninguém pesa mais pesado que Eddie Waters, era isso que se dizia. Porque você ainda estava em contato com aquilo que fez você [...] fome, difteria, sujeira, desemprego, pobreza, testes difíceis, carrapatos, piolhos [...]. Todas *essas* coisas eram belas? [...] A verdade era o punho com que você socava [...]. Ainda estamos enjaulados, somos explorados, cutucados e empurrados, explorados, massacrados, cortados, excluídos. Ainda não pertencemos a nós mesmos. Nada mudou. Você esqueceu, só isso.

Durante os três meses do curso de comédia, acusa ele, Waters jamais disse uma única coisa engraçada. De fato, é difícil acreditar que aquele homem de expressão severa, altamente moralista e internamente quebrado já foi um dos melhores comediantes britânicos. Talvez, observa Price, ácido, ele tenha perdido seu ódio.

Mas não foi isso que causou o declínio de Waters. Levado à defensiva pelo ataque de seu pupilo, que contém mais que um toque da desilusão do filho rebelde com o pai falho, ele é forçado a lançar mão de suas mais angustiantes memórias para se justificar. Ele também deve confrontar seus fantasmas, como urgiu seus alunos a fazer. Ele conta a Price sobre a visita que fez a um antigo campo de concentração nazista na Alemanha e como, no próprio momento de sentir repulsa pelo que viu, ele teve uma ereção. Foi então que descobriu que já não havia mais piadas. Assim como Theodor Adorno declarou que toda poesia pós-Auschwitz é lixo, Waters, ouvindo uma piada sobre um judeu em um show na noite da visita ao campo de

A POLÍTICA DO HUMOR

morte, deixou de rir. "Temos que ir mais profundamente que o ódio", diz ele a Price. "O ódio não ajuda." Price assume uma posição superior em relação ao sistema que satiriza, ao passo que a excitação sexual de Waters sugere que ele é de algum modo seu cúmplice e, por isso, precisa desfazer aquela monstruosidade também em si mesmo.

Mas, se o ódio não ajuda, o que dizer do ódio à injustiça? Se a comédia der as costas à aversão e ao antagonismo, como ela poderá confrontar as forças que criaram a Solução Final? O humor adequadamente rancoroso não é uma arma indispensável no arsenal do satirista político — dos artistas da República de Weimar, por exemplo, que travestiram e ridicularizaram Hitler em sua ascensão ao poder? E, todavia, como tal combatividade não seria maculada pela própria inumanidade que existe para vituperar? Esse é o problema apresentado pelo maior artista literário de Weimar, Bertolt Brecht, em seu poema "Aos que virão depois de nós":

Pois seguíamos, mudando de país mais frequentemente que de sapato
Através das guerras de classes, desesperando
Quando só havia injustiça, e não rebelião.

E, mesmo assim, sabíamos:
Que o ódio, mesmo pela vileza
Nos tornava feios.
A raiva, mesmo pela injustiça

Enrouquecia nossa voz. Ah, nós
Que queríamos preparar a terra para a amabilidade
Não sabíamos ser amáveis.
Você, no entanto, quando chegar a hora

Quando a humanidade for boa para a humanidade
Lembre de nós
Com indulgência.

HUMOR

Os valores envolvidos na construção de uma sociedade justa podem ser contrários às virtudes que se pretende que floresçam nela. A amizade demanda inimizade, a paz requer o conflito e a fé exige ceticismo. Nesse sentido, aqueles que devotam a vida às políticas emancipatórias não são, de modo algum, as imagens mais acuradas do que esperam criar. Mesmo o ódio à injustiça pode enrouquecer a voz; e qualquer forma de ódio pode adquirir um letal *momentum* próprio, que se torna independente de seu objetivo político.

A questão, então, é como amizade e inimizade devem ser combinadas no mesmo modo cômico. Como Raymond Williams observou na conclusão de *Cultura e sociedade*, um dos ícones do movimento trabalhista deve necessariamente ser um punho cerrado, mas não tão cerrado que os dedos não consigam se abrir para modelar uma nova realidade social. Não é uma questão que perturbe particularmente Gethin Price, um homem que talvez seja tanto um dissidente individualista quanto um militante socialista. Em sua opinião, como vimos, se a verdade é feita, seu retrato também deve ser. Waters recusa esse argumento: em sua visão, a comédia existe para trazer tal intransigência à luz e, ao fazê-lo, superá-la, mas fazer isso *como comédia*. "A maioria dos cômicos", diz ele aos alunos, "*alimenta* o preconceito, o medo e a visão bitolada, mas os melhores [...] os iluminam, os tornam mais visíveis, mais fáceis de lidar". A comédia estabelece uma distância cognitiva de seu objeto e, ao fazê-lo, o conhece como ele não pode conhecer a si mesmo. Ela deve modelar e superar seus materiais, e não simplesmente refleti-los. Sua forma é, nesse sentido, oblíqua em relação a seu conteúdo. E, todavia, o relato de Waters sobre o que aconteceu com ele no campo de concentração faz ressoar uma nota mais sombria. Se a verdade é terrível, então talvez o humor de qualquer tipo seja simplesmente uma blasfêmia. Mas isso ignora o fato de que alguns dos prisioneiros dos campos de concentração também contavam piadas, em uma tentativa de preservar a sanidade. Samuels, McBrain e Phil Murray, cujo humor é hediondo precisamente porque revela tanta verdade, representa uma terceira posição.

A POLÍTICA DO HUMOR

Há um paralelo entre a charada sádica de Price e a experiência de Waters no campo. De um ponto de vista freudiano, a excitação erótica de Waters é um caso de *jouissance*, ou gozo obsceno, no qual o ego obtém prazer do espetáculo da morte e, como consequência, da perspectiva de seu próprio fim. *Eros* e *Thanatos* estão em conluio. Há algo perversamente revigorante no profundo nada, um estado no qual o golpeado e ferido ego já não pode sofrer danos. Ser privado de sua humanidade foi o destino dos que morreram nos campos, mas isso também pode ser uma libertação momentânea da ansiedade e da aflição. O que a culpa de Waters o impede de ver é que é humano desejar ser inumano. Price não tem esse problema. Ao contrário, é precisamente a natureza desumanizadora de sua performance que o arrebata. "Foi tudo gelo hoje à noite", diz ele a Waters. "Eu adorei. Eu me senti [...] expressado." Falando teoricamente, seu ato foi uma combinação de superioridade e alívio. Ele é um devoto do grande palhaço Grock, cuja dureza e honestidade ele acha atraente. "Não como Chaplin, todo tímido e cercado de crianças." A bizarra pantomina de Price tem o objetivo de destruir o idealismo sentimental que é a face aceitável da desumanidade política, incluindo a do regime comunista, mas ela não pode fazer isso sem conspirar, em certa extensão, com essa desumanidade. Em sua própria chave menor, ela é um exemplo dos mortos-vivos de Buchenwald, muito embora esteja voltada contra tais horrores.

No fim, nem Waters nem Price podem reconciliar verdade e comédia. Eles são tão incapazes de fazer isso quanto Samuels e McBrain, embora por razões bastante diferentes. A verdade emudeceu o humor de Waters, ao passo que a sátira de Price é puro aço. Como alguém pode ser divertido e verdadeiro ao mesmo tempo em condições desumanas? De qualquer modo, Waters está certo em ver o humor puramente como instrumento de mudança política? Não há dúvida de que essa pode ser uma de suas funções, mas sua abordagem da comédia certamente é instrumentalista demais. Dá-se o mesmo com seu didatismo, uma falha da qual a peça parece estar desconfortavelmente consciente, sem criticar de modo explícito. O mais perto que ela chega de tal escrutínio é um momento hilário no qual Price, um mímico magnífico, imita o professor por suas costas enquanto ele faz um sermão. E quanto à função utópica da comédia como amizade e festividade, deleite profundamente inútil com a partilha e a solidariedade, antecipação de uma era de paz e bondade, e não uma estratégia para lhe dar nascimento? Se o humor, para Samuels, McBrain e seus pares, é um instrumento cego de seus preconceitos, Waters não está reproduzindo essa lógica utilitária de maneira mais esclarecida? "Trabalhamos *através* do riso", diz ele aos outros, "não *para* ele. Se tudo que vocês querem é fazer rir, muito bem, continuem e boa sorte, mas não desperdicem meu tempo". "Comédia é remédio", observa ele um pouco depois. "Não doces coloridos para fazer apodrecer os dentes [da plateia]." É um argumento puritano que a peça curiosamente não desafia. McBrain afirmou, com sua típica estupidez, que "Um cômico é um cômico e nada além de um cômico". Isso não é verdade, como mostra a peça. Mas às vezes é verdade que uma piada é uma piada e nada além de uma piada.

A despeito disso, *Comedians* realmente termina com uma nota quase utópica. Um asiático, o sr. Patel, que entrou na escola em busca de uma classe noturna, encontra Waters e se voluntaria para contar uma piada de seu país, uma piada que envolve a ideia de abater vacas sagradas. É um tipo de humor simpático tanto a Waters quanto a Price, embora seja expressado em uma verve inocente que o primeiro perdeu e o último pode muito bem achar politicamente suspeita. Em uma sala de aula vazia que acabou de testemunhar a comédia como insulto, preconceito, acrimônia, comodidade, dissensão, feroz rivalidade, inescrupulosa autopromoção e suprema desumanidade, o humor se torna, por um precioso momento, um meio de amizade inter-racial, quando Waters convida o sr. Patel para participar de sua próxima turma.

Comedians não busca solucionar os conflitos que retrata de modo tão elegante. Fornecer soluções é tarefa dos legisladores, não dos dramaturgos. Todavia, há, na verdade, uma maneira de combinar humor como crítica com humor como utopia, e seu nome é carnaval. Se os clubes e os cafés de Hutcheson e Steele constituem uma esfera pública burguesa, na qual a classe é suspensa

A POLÍTICA DO HUMOR

para uma troca livre e igual entre cavalheiros, o carnaval, no qual ocorre uma suspensão muito parecida de classes, representa, de certa maneira, sua contraparte plebeia. Como contracultura que é ao mesmo tempo real e ideal, atual, mas orientada para o futuro, ele representa o domínio utópico da liberdade, da comunidade, da igualdade e da superabundância, no qual status, normas, privilégios e proibições são temporariamente suspensos. Em seu lugar, um idioma livre e franco das ruas e dos mercados é desatrelado, diminuindo a distância entre os indivíduos e liberando-os dos requerimentos da decência e da etiqueta. As barreiras de casta, profissão, propriedade e idade são derrubadas. A folia se torna uma forma de sabedoria festiva nesse mundo de fartura. Verdade e autoridade são remodeladas em um boneco de Mardi Gras, um monstro cômico que a multidão destroça na praça do mercado de modo muito mais jubiloso que Gethin Price destrói seus manequins de alfaiataria. O riso se torna um novo estilo de comunicação, o signo material de um conjunto transformado de relações sociais. Há a "potencialidade de um mundo amigável, uma era dourada, uma verdade carnavalesca. O homem retorna a si mesmo".[10] E, todavia, o discurso do carnaval tem dois gumes. Embora esteja em busca de um mundo transfigurado de liberdade, coleguismo e igualdade, ele zomba, escarnece e desfigura a fim de obtê-lo. Suas funções crítica e afirmativa, assim, ocorrem ao mesmo tempo. A farra popular é uma força ruidosamente destrutiva, destruindo hierarquias, travestindo verdades sagradas, esvaziando doutrinas exaltadas e maliciosamente invertendo alto e baixo, mas essa atividade disruptiva tem como objetivo a diversão e a amizade. Vimos que, para Konrad Lorenz, o humor é tanto elo quanto arma — mas somente no sentido de que o coleguismo é forjado através do antagonismo, o que não é o caso do carnaval. Essa grande orgia de iconoclastia é uma questão tanto de violência quanto de camaradagem, maldição e elogio, calúnia e festividade. Ela afirma e nega, enterra e ressuscita em um único gesto. Se há banquetes gigantescos e encontros eróticos, há também um veio ultrajante de condenação pública do tipo que se encontra com frequência em Rabelais:

Que Santo Antônio os queime com seu fogo erisipelante [...] que a doença de Maomé os prenda em suas convulsões epiléticas [...] que as pústulas, as úlceras e os cancros da sífilis purulenta os infectem, firam e rasguem, entrando em seu reto tão tenuamente quanto o pelo de uma vaca [...] e que vocês desapareçam no abismo de enxofre e fogo, como Sodoma e Gomorra, se não acreditarem implicitamente no que estou prestes a relatar nessas *Crônicas* (p. 164).

Os palavrões rabelaisianos são incansavelmente férteis, exuberantes e inventivos, e a prosa de Samuels e McBrain não o é. No entanto, essa linguagem também pertence a Jano, indo da calúnia à celebração. Como Bakhtin observou, o discurso carnavalesco elogia ao mesmo tempo que agride e agride ao mesmo tempo que elogia. Ele mortifica e humilha, mas, ao mesmo tempo, revive e restabelece. Mesmo em seus momentos mais escabrosos, tal riso retém uma qualidade regeneradora. Jamais, à moda de Price, recai na ironia cortante ou no sarcasmo. Bakhtin falou do "abuso familiar, amigável" (p. 168), no qual o aviltamento opera em um contexto mais amplo de solidariedade e animação. A linguagem rabelaisiana é marcada tanto pela multiplicidade de significados quanto por uma relação peculiarmente complexa com seu objeto. Como disse Bakhtin, "zombaria e elogio, destronamento e exaltação, ironia e ditirambo, são aqui combinados" (p. 142). Entretanto, não há superioridade em suas censuras, também porque não há espectadores, na esfera do carnaval, para oferecer condescendência a seus participantes. Em vez disso, o mundo inteiro, ao menos em princípio, participa. É a própria humanidade que está no palco, um palco que se estende ao auditório. "O satirista cujo riso é negativo", observou Bakhtin, "coloca-se acima do objeto de sua zombaria" (p. 12), mas, em época de carnaval, o povo provoca a si mesmo, como sujeito e objeto da sátira em um único corpo.

Assim, o carnaval degrada e corrompe, mas, de certa maneira, é difícil distingui-lo da afirmação. "Degradar", escreveu Bakhtin,

A POLÍTICA DO HUMOR 127

significa se interessar pelo estrato mais baixo do corpo, a vida do ventre e dos órgãos reprodutores; consequentemente, está relacionado a atos de defecação e cópula, concepção, gravidez e nascimento. A degradação cava uma cova corpórea para um novo nascimento; tem não apenas um aspecto destrutivo, negativo, mas também um regenerador. Degradar um objeto não implica meramente lançá-lo no vazio da não existência, da destruição absoluta, mas jogá-lo para baixo, para o estrato reprodutivo, para a zona na qual ocorrem a concepção e o nascimento (p. 21).

Foi a esse modo ambivalentemente frutífero e difamador que Bakhtin deu o nome de realismo grotesco. "A essência do grotesco é precisamente apresentar uma plenitude contraditória e de dupla face da vida. A negação e a destruição (morte do velho) estão incluídas como fase essencial, inseparáveis da afirmação, do nascimento de algo novo e melhor" (p. 62). Isso nos faz lembrar que a palavra comédia deriva de Comus, um antigo deus da fertilidade que significava perpétuo rejuvenescimento.

A comédia carnavalesca é uma forma de materialismo vulgar, que reenraíza seus sujeitos à terra e, ao fazê-lo, permite que eles floresçam. Ela significa "o rebaixamento de tudo que é elevado, espiritual, ideal, abstrato" (p. 19), mas somente para que seu verdadeiro valor possa ser extraído dessa concha mística. Embora sua feroz demolição do idealismo abstrato evoque a pulsão de morte (um "desejo pela morte", como disse o próprio Bakhtin), ela também está entremeada pelo "desejo pela vida". É possível destruir o mundo tão selvagemente quanto se queira, convencido de que a matéria, juntamente com o grande corpo do povo, é imperecível e esse ato de aniquilação é simplesmente o prelúdio de um novo nascimento. Se a terra é uma cova, ela também é um útero. A imortalidade do corpo coletivo é refletida na inviolabilidade do corpo individual, quando homens e mulheres são espancados e golpeados, mas, à maneira dos desenhos animados, permanecem magicamente incólumes. O carnaval é violência ficcionalizada, virtualizada, alquimicamente transformada em teatro e espetáculo e, como tal, um tipo jovial de beligerância.

128 HUMOR

Na visão de Bakhtin, o corpo grotesco ou carnavalesco é inacabado, sem fim determinado, perpetuamente em processo. Como tal, é um revide ao status atemporal e absoluto das ideologias oficiais. Um desses dogmas agressivos, cujo nome não deve ser dito, é o stalinismo. São particularmente os orifícios do corpo que chamam a atenção de Bakhtin, aqueles locais liminares nos quais um homem ou uma mulher estão abertos ao mundo e nos quais as firmes distinções entre interno e externo, self e realidade ou self e outros começam a se desvanecer:

> Todas essas convexidades e orifícios têm uma característica comum; é em seu interior que os limites entre corpos e entre o corpo e o mundo são superados: há intertroca e interorientação [...]. Comer, beber, defecar e outras eliminações (suar, assoar o nariz, espirrar), assim como a cópula, a gravidez, o desmembramento, o ato de engolir outro corpo) — todos esses atos são realizados nos limites entre o corpo e o mundo externo ou nos limites entre o velho e o novo corpo. Em todos esses eventos, o início e o fim da vida estão estreitamente ligados e entremeados (p. 317).

Assim como o riso, o próprio corpo é, para Bakhtin, um modo de relacionamento, o foco carnal das trocas e interações humanas. É o que liga o indivíduo à eterna coletividade e, desse modo, permite que ele partilhe de uma imortalidade indireta. Eu morro, mas o nós não morre. É dessa alegre garantia que pode surgir a intrepidez do carnaval, essa exuberante impressão de estar protegido de todo dano. Em um momento posterior da história europeia, argumentou Bakhtin, o corpo individual foi amputado desse coletivo para ser saneado e gentrificado, tendo seus orifícios fechados e seu espaço rigorosamente delimitado:

> Aquilo que se projeta, infla, brota ou ramifica [quando um corpo transgride seus limites e começa um novo corpo] é eliminado, escondido ou moderado [...]. A superfície opaca e os "vales" do corpo

A POLÍTICA DO HUMOR

adquirem um significado essencial como fronteira de uma individualidade fechada que não se funde nem com os outros corpos, nem com o mundo (p. 320).

É a ambivalência da carne, então, que jaz na base da natureza dual do discurso carnavalesco. A mistura de elogio e calúnia, utopia e crítica que marca os padrões de fala dessa saturnália está ancorada no simultâneo apodrecimento e renovação, defecação e cópula, do corpo humano. "Sempre que os homens riem e xingam", escreveu Bakhtin, "particularmente em um ambiente familiar, sua fala está repleta de imagens corporais. O corpo copula, defeca, superaquece, e a fala dos homens está inundada de genitais, barrigas, fezes, urina, doenças, narizes, bocas e partes desmembradas" (p. 319). A boca, por exemplo, morde, rasga e devora, mas, ao fazê-lo, recarrega o corpo, assimilando o mundo em si mesma, em uma utópica aliança com a natureza.

O leitor atento pode ter detectado certo idealismo no extravagante elogio de Bakhtin ao povo comum. O carnaval parece ser um mundo que baniu a tragédia. Há aceitação da morte, claro, mas somente como trampolim para a nova vida. A agonia e a aflição não são confrontadas como realidades em si mesmas, em todo seu terror e intratabilidade. Nesse sentido, o espírito carnavalesco é um dos vários modos pelos quais a morte pode ser negada. Não se trata, como em *Comedians*, de Eddie Waters, de resgatar uma dor que permanece insistente, mas de converter tal dor em alegria. Há outras razões para sermos céticos em relação ao argumento de Bakhtin. Uma delas é que temos menos razões, em nossa própria época, para estarmos persuadidos de que nossa espécie é imperecível. Outra é que o carnaval pode ser uma forma ficcionalizada de insurreição, mas também fornece uma válvula de escape para tais energias subversivas. Nesse sentido, um paralelo próximo, hoje em dia, é o esporte profissional, cuja abolição sem dúvida seria o caminho mais curto para uma revolução sangrenta.

Por fim, podemos notar que a censura de Bakhtin à igreja medieval ignora as características carnavalescas do evangelho cristão. Muitos comentadores

130 HUMOR

observaram que, embora Jesus chore, ele não ri, uma reticência que pode parecer condizente com a sombria insistência do Eclesiastes de que "o pesar é melhor que o riso, pois a tristeza do rosto melhora o coração. O coração dos sábios está na casa do luto, mas o coração dos tolos está na casa da alegria" (7:3-4). É verdade que o Jesus retratado no Novo Testamento dificilmente se destaca por seu senso de humor, uma vez que tinha muito com o que se sentir abatido. (Há, no entanto, documentos gnósticos que descrevem Simão de Cirene sendo crucificado no lugar de Jesus e Jesus rindo disso lá no céu).[11] Mas será um sinal de que seu reino é iminente quando virmos os pobres cheios de coisas boas e os ricos sendo mandados embora sem nada, uma clássica inversão carnavalesca. Ao contrário das reversões e subversões do carnaval, essa inversão se provará mais que um evento temporário. Enid Welsford registrou que, na véspera da medieval Festa dos Loucos, as palavras "Ele derrubou os poderosos de seus tronos, mas exaltou os humildes" eram cantadas repetidas vezes, como prelúdio a uma maliciosa paródia da missa.[12] Jesus e seus camaradas plebeus não trabalham, são acusados de beber e comer demais, vagueiam descalços e malvestidos pelas margens da ordem social convencional e, como os espíritos livres do carnaval, não pensam no amanhã. Como uma paródia doentia do Salvador (a noção de um Messias crucificado teria parecido uma obscenidade moral para os judeus da antiguidade), Jesus entra em Jerusalém, o bastião do poder imperial romano, montado em um burro e, tendo sido abandonado por seus camaradas, é deixado para enfrentar uma morte ignóbil, reservada pelos romanos somente aos rebeldes políticos. E, no entanto, a folia da cruz se prova mais sábia que a sabedoria dos filósofos. O poder intimidador da Lei é vencido, os mansos herdam a terra, o sublime se torna carne e sangue humanos, as verdades sagradas são ditas na língua simples dos pescadores e camponeses e a fraqueza se prova a única forma duradoura de força.

O *bathos* carnavalesco jaz no âmago do cristianismo, uma vez que a assombrosa questão da salvação desce à terra na forma da ocupação banal de cuidar dos doentes e alimentar os famintos. O evangelho de Lucas promete que aqueles que choram agora, ou seja, os aflitos e os sem posses, rirão

A POLÍTICA DO HUMOR

mais tarde — embora também inverta essa inversão ao avisar que aqueles que riem agora, isto é, os prósperos e satisfeitos, chorarão mais tarde. A profunda calma e euforia de espírito conhecida como graça divina se manifesta, entre outras coisas, como muito humana misericórdia, amizade e perdão. Na eucaristia, assim como no carnaval, carne e sangue se tornam um meio de comunhão e solidariedade entre os seres humanos. Todavia, embora o Novo Testamento recomende uma conduta tranquila e livre de ansiedade na qual devemos viver como os lírios do campo e dar nossos bens aos pobres, ele também retrata seu protagonista empunhando uma espada e estabelecendo uma divisão absoluta entre os que buscam justiça e companheirismo e os que voltam as costas a essa campanha impiedosamente inflexível. Como o carnaval, os evangelhos combinam a alegria da liberação com certa violência e intransigência de espírito. As imprecações de Jesus, dirigidas contra respeitáveis figuras religiosas que colocam fardos adicionais nas costas dos já extremamente oprimidos, são tão aterrorizantes quanto as de Rabelais, embora não tão divertidas. Também há um veio de *comédie noire* no cristianismo. Deus envia seu único filho para nos salvar de nosso infortúnio, e como demonstramos nossa gratidão? Nós o matamos! Isso foi uma demonstração consternadora de falta de bons modos.

NOTAS

PREFÁCIO

1. Para tais estudos "científicos", ver, por exemplo, Ivatore Attardo, *Linguistic Theories of Humor* (Berlim e Nova York, 1994) e Victor Raskin (ed.), *The Primer of Humor Research* (Berlim e Nova York, 2008).
2. William Hazlitt, "On Wit and Humour", em *Lectures on the English Comic Writers* (Londres e Nova York, 1963), p. 26.

1. SOBRE O RISO

1. Bastante estranhamente, Ronald de Sousa, em *The Rationality of Emotions* (Cambridge, 1987, p. 276) não vê o riso histérico como riso de forma alguma.
2. Citado em Matthew Bevis, *Comedy: A Very Short Introduction* (Oxford, 2013), p. 19.
3. Embora Robert R. Provine tenha afirmado que alguns primatas produzem sons parecidos com o riso. Ver *Laughter: A Scientific Investigation* (Londres, 2000), capítulo 5. Charles Darwin também acreditava que os macacos riem quando sentem cócegas. Ver *The Expression of the Emotions in Man and Animals* (Londres, 1979), p. 164.
4. Milan Kundera, *The Book of Laughter and Forgetting* (Londres, 1996), p. 79 [*O livro do riso e do esquecimento*. Rio de Janeiro: Nova Fronteira, 1987].

134   HUMOR

5. Ver Helmuth Plessner, *Laughing and Crying: A Study of the Limits of Human Behaviour* (Evanston, 1970).

6. Em relação a essa informação, sou grato a Richard Boston, *An Anatomy of Laughter* (Londres, 1974). Para um perceptivo pot-pourri de insights sobre a comédia, ver Howard Jacobson, *Seriously Funny* (Londres, 1997).

7. Immanuel Kant, *Critique of Judgment* (Cambridge, 2002), p. 209 [*Crítica da faculdade do juízo*. São Paulo: Ícone, 2009].

8. Herbert Spencer, "The Physiology of Laughter", em *Essays on Education and Kindred Subjects*, introdução de Charles W. Eliot (Londres, 1911), p. 120. Uma deferência mais recente à teoria do alívio pode ser encontrada em J. C. Gregory, *The Nature of Laughter* (Londres, 1924).

9. Ver Sigmund Freud, *Jokes and Their Relation to the Unconscious* (Londres, 1991), p. 167 [*Os chistes e sua relação com o inconsciente*. São Paulo: Imago, 2006].

10. Ver Sándor Ferenczi, *Final Contributions to the Problems and Methods of Psychoanalysis* (Londres, 1955), p. 180.

11. Alexander Bain, *The Emotions and the Will* (3ª ed., Nova York, 1876), p. 262.

12. Ferenczi, *Final Contributions*, p. 180.

13. Ver Adam Phillips (ed.), *The Penguin Freud Reader* (Londres, 2006), p. 563.

14. Bevis, *Comedy*, pp. 24 e 73.

15. Citado em ibid., p. 29.

16. Simon Critchley, *On Humour* (Londres e Nova York, 2002), p. 62.

17. Citado em ibid., p. 91.

18. Christopher Norris, *William Empson and the Philosophy of Literary Criticism* (Londres, 1978), p. 86.

19. William Empson, *Some Versions of Pastoral* (Londres, 1966), p. 114.

20. Thomas Mann, *Doctor Faustus* (Londres, 1996), p. 378 [*Doutor Fausto*. Rio de Janeiro: Nova Fronteira, 2000].

21. Charles Baudelaire, *Selected Writings on Art and Literature* (Londres, 1972), p. 148.

22. Alenka Zupančič, *The Odd One In: On Comedy* (Cambridge, 2008), p. 144.

23. Ibid., p. 144.

24. Citado por Zupančič, *The Odd One In*, p. 142.

25. Ibid., p. 143.

NOTAS

26. Para Dante e comédia, ver Giorgio Agamben, *The End of the Poem* (Stanford, 1999), capítulo 1.

27. Mikhail Bakhtin, *Rabelais and his World* (Bloomington, 1984), p. 66 [*A cultura popular na Idade Média e no Renascimento: o contexto de François Rabelais*. São Paulo: Hucitec, 2013].

28. Ibid., p. 90.

29. Ibid., pp. 90-91.

30. Ibid., p. 92.

31. Ibid., p. 95.

32. Ibid., p. 84.

33. Ibid., p. 174.

34. George Meredith, *An Essay on Comedy* (Nova York e Londres, 1972), p. 121.

2. ZOMBADORES E ESCARNECEDORES

1. Ver Johan Verberckmoes, "The Comic and Counter-Reformation in the Spanish Netherlands", em Jan Bremmer e Herman Roodenburg (ed.), *A Cultural History of Humour* (Cambridge, 1997), p. 81.

2. Ver Barry Sanders, *Sudden Glory: Laughter as Subversive History* (Boston, 1995), p. 65. Ver também Stephen Halliwell, *Greek Laughter* (Cambridge, 2008).

3. Ver Mary Beard, *Laughter in Ancient Rome* (Berkeley, 2014), p. 33.

4. Thomas Hobbes, *Leviathan* (Cambridge, 2010), p. 43 [*Leviatã*. São Paulo: Martin Claret, 2009].

5. Donald F. Bond (ed.), *The Spectator* (Oxford, 1965), vol. 1, p. 147.

6. Ver A. M. Ludovici, *The Secret of Laughter* (Londres, 1932), p. 31.

7. Anthony, conde de Shaftesbury, *Characteristics of Men, Manners, Opinions, Times Etc* (Bristol, 1995), vol. 1, p. 53.

8. Ver, por exemplo, Roger Scruton, "Riso", em John Morreall (ed.), *The Philosophy of Laughter and Humor* (Nova York, 1987), que argumenta que o humor jaz na desvalorização do objeto em questão, e F. H. Buckley, *The Morality of Laughter* (Ann Arbor, MI, 2003). Buckley defende que,

136 HUMOR

embora a superioridade não seja condição suficiente para o riso, é sempre uma condição necessária. O trocadilho, por exemplo, é, em sua visão, uma competição que assinala nossa superioridade moral sobre os outros. Para uma defesa do humor contra a tese da superioridade, ver Ludovici, *The Secret of Laughter*, capítulo 2.

9. Citado por Matthew Bevis, *London Review of Books*, vol. 37, n. 4 (fevereiro de 2015), p. 22.

10. Shaftesbury, *Characteristics of Men*, p. 33.

11. Francis Hutcheson, *Reflections upon Laughter, and Remarks upon the Fable of the Bees* (Glasgow, 1750), p. 12. Para um relato sobre a filosofia benevolente de Hutcheson, ver Terry Eagleton, *Heathcliff and the Great Hunger* (Londres, 1995), capítulo 3.

12. O ensaio pode ser encontrado em Martha Segarra (ed.), *The Portable Cixous* (Nova York, 2010).

13. Francis Hutcheson, *Thoughts on Laughter* (Bristol, 1989), p. 51.

14. Henri Bergson, *Laughter: An Essay on the Meaning of the Comic* (Londres, 1935), p. 5.

15. Ver W. McDougall, *The Group Mind* (Nova York, 1920), p. 23.

16. Ver Buckley, *The Morality of Laughter*, p. 37.

17. Arthur Schopenhauer, *The World as Will and Representation* (Nova York, 1969), vol. 2, pp. 349, 581 e 354 [*O mundo como vontade e representação*. Rio de Janeiro: Contraponto, 2001].

18. John Willett (ed.), *Brecht on Theatre* (Londres, 1964), p. 277.

19. Walter Benjamin, *Understanding Brecht* (Londres, 1973), p. 101.

20. Gillian Rose, *Mourning Becomes the Law: Philosophy and Representation* (Cambridge, 1996), p. 71.

21. John Roberts, *The Necessity of Errors* (Londres e Nova York, 2011), p. 204.

22. Sándor Ferenczi, *Final Contributions to the Problems and Methods of Psychoanalysis* (Londres, 1955), p. 73.

23. Ver John Lippitt, "Humour", em David E. Cooper (ed.), *A Companion to Aesthetics* (Oxford, 1992), p. 201.

24. Slavoj Žižek, *Absolute Recoil* (Londres, 2014), p. 334.

25. George Meredith, *An Essay on Comedy* (Nova York e Londres, 1972), p. 121.

NOTAS 137

3. INCONGRUIDADES

1. Para uma discussão dessas várias visões, ver Christopher P. Wilson, *Jokes: Form, Content, Use and Function* (Londres e Nova York, 1979).
2. Um resumo psicológico da teoria pode ser encontrado em Paul E. McGhee, "On the Cognitive Origins of Incongruity Humor", em Jeffrey H. Goldstein e Paul E. McGhee (ed.), *The Psychology of Humor* (Nova York e Londres, 1972).
3. Noël Carroll, *Humour: A Very Short Introduction* (Oxford, 2014), p. 28.
4. Ver L. W. Kline, "The Psychology of Humor", *American Journal of Psychology*, vol. 18 (1907).
5. D. H. Munro, *Argument of Laughter* (Melbourne, 1951), p. 40ff.
6. Thomas Nagel, *Mortal Questions* (Cambridge, 1979), p. 13.
7. Ver Mary K. Rothbart, "Incongruity, Problem-Solving and Laughter", em Antony J. Chapman e Hugh C. Foot (ed.), *Humor and Laughter: Theory, Research and Applications* (Londres, 1976).
8. Mark Akenside, *The Pleasures of the Imagination* (Washington, DC, 2000), p. 100.
9. James Beattie, *Essays on Poetry and Music* (Dublin, 1778), vol. 2, p. 366.
10. Ibid., p. 372.
11. Immanuel Kant, *Critique of Judgment* (Cambridge, 2002), p. 210 (tradução ligeiramente modificada).
12. Herbert Spencer, "The Physiology of Laughter", em *Essays on Education and Kindred Subjects*, introdução de Charles W. Eliot (Londres, 1911).
13. Charles Darwin, *The Expression of the Emotions in Man and Animals* (Londres, 1979), p. 200.
14. Robert L. Latta, *The Basic Humor Process* (Berlim e Nova York, 1999), pp. 39-40.
15. J. Y. T. Greig, *The Psychology of Laughter and Comedy* (Nova York, 1923), pp. 23-7.
16. Arthur Koestler, *The Act of Creation* (Londres, 1965), p. 45.
17. John Morreall, *Taking Humor Seriously* (Albany, 1983), capítulo 5.
18. Alexander Bain, *The Emotions and the Will* (Londres, 1875), pp. 282-3.

138 HUMOR

19. Michael Clark, "Humor and Incongruity", em John Morreall (ed.), *The Philosophy of Laughter and Humor* (Nova York, 1987).

20. Max Eastman, *The Enjoyment of Laughter* (Londres, 1937), p. 27.

21. Ver Flann O'Brien, *The Best of Myles* (Londres, 1993), p. 201ff.

22. William Hazlitt, *Lectures on the English Comic Writers* (Londres e Nova York, 1963), p. 7.

23. Ibid., p. 9.

24. Ibid., p. 7.

25. Ibid., p. 10.

26. Ibid., p. 27.

4. HUMOR E HISTÓRIA

1. Ver M. A. Screech, *Laughter at the Foot of the Cross* (Londres, 1997), p. 32.

2. Mikhail Bakhtin, *Rabelais and his World* (Bloomington, IN, 1984), p. 73.

3. Ver John Morreall (ed.), *The Philosophy of Laughter and Humor* (Nova York, 1987), p. 228.

4. David Hartley, "Of Wit and Humour", citado em ibid., p. 43.

5. George Meredith, *An Essay on Comedy* (Nova York e Londres, 1972), p. 141.

6. Ibid., p. 78.

7. Ibid., p. 118.

8. Ibid., p. 116.

9. Ver Leah S. Marcuse, *The Politics of Mirth* (Chicago e Londres, 1986).

10. Anthony, conde de Shaftesbury, *Characteristics of Men, Manners, Opinions, Times Etc* (Bristol, 1995), vol. 1, p. 65.

11. Keith Thomas, "The Place of Laughter in Tudor and Stuart England", *Times Literary Supplement* (21 de janeiro de 1977), p. 81.

12. Citado em Paul Lauter (ed.), *Theories of Comedy* (Nova York, 1964), p. 211.

13. John Forster, *The Life and Times of Oliver Goldsmith* (Londres, 1854), vol. 2, p. 338.

14. Gladys Bryson, *Man and Society: The Scottish Inquiry of the Eighteenth Century* (Princeton, 1945), pp. 146-7 e 172. Ver também, para um excelente relato

NOTAS

sobre a Escócia do século XVIII, Peter Womack, *Improvement and Romance* (Londres, 1989). Para a discussão que se segue, utilizei algum material adaptado de meu *Crazy John and the Bishop* (Cork, 1998), capítulo 3.

15. John Dwyer, *Virtuous Discourse: Sensibility and Community in Late Eighteenth--Century Scotland* (Edinburgh, 1987), p. 39.

16. Adam Ferguson, *An Essay on the History of Civil Society* (Dublin, 1767), p. 53.

17. Bryson, *Man and Society*, p. 27.

18. Henry Brooke, citado em Thomas Bartlett, *The Fall and Rise of the Irish Nation* (Dublin, 1992), p. 54. Para a ideologia do assim chamado humanismo comercial, ver J. G. A. Pocock, *Virtue, Commerce and History* (Cambridge, 1985).

19. Citado em Albert O. Hirschman, *The Passions and the Interests* (Princeton, 1977), p. 90.

20. Katie Trumpener, *Bardic Nationalism* (Princeton, 1997), p. 76.

21. Para as cartas de Steele para a mulher, ver Rae Blanchard (ed.), *The Correspondence of Richard Steele* (Oxford, 1941), pp. 208-79.

22. Richard Steele, *The Christian Hero* (Oxford, 1932), p. 77.

23. Shaftesbury, *Characteristics of Men*, p. 45.

24. Francis Hutcheson, *Reflections upon Laughter, and Remarks upon the Fable of the Bees* (Glasgow, 1750), p. 4.

25. Francis Hutcheson, *A Short Introduction to Moral Philosophy* (Glasgow, 1747), p. 18.

26. Francis Hutcheson, *Inquiry Concerning the Original of our Ideas of Virtue or Moral Good* (Londres, 1726), p. 75.

27. Francis Hutcheson, *Illustrations of the Moral Sense* (Cambridge, 1971), p. 106.

28. Hutcheson, *Inquiry*, p. 257.

29. Ibid., pp. 257-8

30. Ver Noël Carroll, *Humour: A Very Short Introduction* (Oxford, 2014), p. 48.

31. Susanne Langer, excerto de *Feeling and Form*, em Lauter (ed.), *Theories of Comedy*, p. 513.

32. Hutcheson, *Reflections upon Laughter*, p. 37.

33. Elizabeth Carter, citada por Arthur Hill Cash, *Sterne's Comedy of Moral Sentiments* (Pittsburgh, 1966), p. 55.

140 HUMOR

34. Citado por Ann Jessie Van Sant, *Eighteenth-Century Sensibility and the Novel* (Cambridge, 1993), p. 6.

35. Arthur Friedman (ed.), *Collected Works of Oliver Goldsmith* (Oxford, 1966), vol. 1, p. 406.

36. John Mullan, *Sentiment and Sociability: The Language of Feeling in the Eighteenth Century* (Oxford, 1988), p. 146.

37. Lady Morgan, *Memoirs* (Londres, 1862), vol. 1, p. 431.

38. Harold Nicolson, *The English Sense of Humour* (Londres, 1956), p. 31.

39. Ibid., p. 23.

40. Matthew Bevis, *Comedy: A Very Short Introduction* (Oxford, 2013), p. 51.

41. Martin Grotjahn, citado em Lauter (ed.), *Theories of Comedy*, p. 524.

42. Ver Susan Sontag, "Notes on Camp", em *A Susan Sontag Reader* (Harmondsworth, 1982).

43. Andrew Stott, *Comedy* (Londres, 2005), p. 137.

44. Bevis, *Comedy*, p. 3.

45. William Hazlitt, *Lectures on the English Comic Writers* (Londres e Nova York, 1963), p. 26.

46. Bevis, *Comedy*, p. 51.

5. A POLÍTICA DO HUMOR

1. Citado por Matthew Bevis, *Comedy: A Very Short Introduction* (Oxford, 2013), p. 77.

2. Friedrich Nietzsche, *Beyond Good and Evil* (Nova York, 1966), p. 150.

3. Ver John Durant e Jonathan Miller (ed.), *Laughing Matters* (Londres, 1988), p. 11.

4. Mary Douglas, *Implicit Meanings* (Londres e Nova York, 1999), p. 160.

5. Susan Purdie, *Comedy: The Mastery of Discourse* (Hemel Hempstead, 1993).

6. Noël Carroll, *Humour: A Very Short Introduction* (Oxford, 2014), p. 76.

7. Alenka Zupančič, *The Odd One In: On Comedy* (Cambridge, 2008), p. 217.

8. Konrad Lorenz, *On Aggression* (Abingdon, 2002 [1966]), p. 284.

9. Robert R. Provine defende um argumento similar em *Laughter: A Scientific Investigation* (Londres, 2000), capítulo 1.

NOTAS

10. Mikhail Bakhtin, *Rabelais and his World* (Bloomington, 1984), p. 48. As próximas referências a essa obra serão fornecidas entre parênteses após a citação.
11. Ver Guy G. Stroumsa, *The End of Sacrifice* (Chicago, 2009), p. 82.
12. Enid Welsford, *The Fool: His Social and Literary History* (Gloucester, 1966), p. 200.

ÍNDICE

A

A casa soturna (Charles Dickens), 100

A vida e as opiniões do cavalheiro Tristram Shandy (Laurence Sterne) *ver também* Sterne, Laurence

    desintegração da realidade e, 77

    falha em unificar e construção de sistema em, 71

    mente e corpo em, 29

    riso do narrador, 17

    ambições de Sterne em, 95

    Tio Toby, 86

Abraão, 64

Absolute Recoil (Slavoj Žižek), 56

Act of Creation, The (Arthur Koestler), 64

Adam Bede (George Eliot), 47

Addison, Joseph, 40, 83, 87, 99

Adorno, Theodor, 120

agostiniana, 39

Aids to Reflection (Samuel Taylor Coleridge), 97

Akenside, Mark, 62

alegria, 91

Allen, Woody, 19, 70

alquimista, O (Ben Jonson), 21, 50

animais, 14-15, 16, 27-28, 60

anjos e demônios, 30-32, 33-34

"Aos que virão depois de nós" (Bertolt Brecht), 121

Aquino, Tomás de, 82

Aristóteles, 18, 39, 70, 81

ascendência anglo-irlandesa, 103

Auschwitz, 120

Austen, Jane, 21, 43

autodepreciação, 28, 56

autointeresse, 93

B

Bacon, Francis, 39

Bain, Alexander, 23, 24, 65

Bakhtin, Mikhail

    Brecht e, 52

144 HUMOR

carnaval, 34-37, 57, 126-129
riso na Idade Média, 81
Balzac, Honoré de, 45
Barrow, Isaac, 10
bathos, 28-30
Baudelaire, Charles, 32
BBC, 54, 70
Beattie, James, 62, 100-101
Beckett, Samuel
  morte e, 25
  Malone morre, 71
  Molloy, 16
  Esperando Godot, 29, 57
Behan, Brendan, 69
Belfast, 67
beneditinos, 82
benevolência, 96-97, 100
Benjamin, Walter, 37, 52
Bergson, Henri, 42, 43, 71, 72
Bevis, Matthew, 27, 108, 109
Black Humour (André Breton), 44
Blake, William, 98
blasfêmia, 21-22
bobos
Festa dos Loucos, 130
imortalidade dos, 56-57
Rei Lear, 102
Sócrates sobre, 54
Noite de Reis, 22
derrubando o mestre, 63
bom humor, 94, 97 *ver também* humor
Brecht, Bertolt, 51-53, 59, 119, 121
Breton, André, 44
Brontë, Charlotte, 104

Brooke, Henry, 89-90
Brooks, Mel, 44
Bryson, Gladys, 88, 89
Buchenwald, 123
Buckley, F. H., 44, 135 n8
bufões, 22
Burke, Edmund, 90, 100
Bush, George W., 79
Byron, Lord, 103

C
carnaval, 34-35, 124-131
  nivelação pela morte e, 19
  revoluções fantasiosas, 21
  humor como crítica e carnaval como
    utopia, 124
  imperecíveis pessoas comuns, 57
  senso de imortalidade, 83
  sexualidade e, 26
  teoria da superioridade e, 44
Carroll, Noël, 112, 113
Carter, Angela, 44
casamento, 26
"Catequismo do clichê" (Flann O'Brien),
  73
Chaplin, Charlie, 123
Chesterfield, Lord, 87
chistes e sua relação com o inconsciente,
  Os (Sigmund Freud), 20, 62
chorar, 16
choro, 16
Christian Hero, The (Richard Steele), 91
Cícero, 39, 70, 82, 107

ÍNDICE

Cixous, Hélène, 42
Clark, Michael, 65
classes altas, 102-105
classes médias, 92, 94, 97, 104
Clinton, Bill, 21
Coleridge, Samuel Taylor, 97
Columbano, São, 82
Comédia humana (Honoré de Balzac), 45
Comedians (Trevor Griffiths), 113-126, 129
 Bert Challenor, 114, 117-119
 Eddie Waters, 114-117, 118-120, 122-124, 129
 Ged Murray, 114, 118, 120
 George McBrain, 114, 118, 122-124, 126
 Gethin Price, 114-116, 118-124, 125-126
 Mick Connor, 114, 117
 Sr. Patel, 124
 Phil Murray, 114, 118, 122
 Sammy Samuels, 114, 117, 122-124, 126
comércio, 88-89
"Comic, The" (Ralph Waldo Emerson), 64
"comparação entre a comédia hilária e a comédia sentimental, Uma" (Oliver Goldsmith), 83
comunidade, senso de, 87-88
Comus, 127
Concluding Unscientific Postscript (Søren Kierkegaard), 53

Congreve, William, 83, 86
Coogan, Steve, 58
corpos, 14-15, 26-27
Country Wife, The (William Wycherley), 53
criação, 82
cristianismo, 82, 129-131
Critchley, Simon, 27
Critic as Artist, The (Oscar Wilde), 109
Crítica da faculdade do juízo (Immanuel Kant), 20, 62
culpa, 20-21
Cultura e sociedade (Raymond Williams), 122
Cultura popular na Idade Média e no Renascimento (Mikhail Bakhtin), 34
Cursos de estética (Georg Wilhelm Friedrich Hegel), 20, 86, 41, 81

D

Darwin, Charles, 16, 41, 63, 133 n.3
David, Larry, 58
De l'esprit des lois (Montesquieu), 90
degradação, 127
Dennis, John, 83
Descartes, René, 14, 95
dessublimação, 22, 28
Dicionário (Samuel Johnson), 17
Dickens, Charles, 72, 98-100, 101-102, 113
"dificuldade de definir a comédia, A" (Samuel Johnson), 13
Dionísio, 19

146   HUMOR

divina comédia, A (Dante Alighieri), 33
Dodd, Ken, 45
dor, 115, 129
Dostoievski, Fyodor, 31, 93
Douglas, Mary, 112
Doutor Fausto (Thomas Mann), 32
Dowson, Ernest, 69

E

Eastman, Max, 68
Eclesiastes, 130
Eco, Umberto, 82
Efésios, Carta aos, 81
ego, 25, 56, 69
Elias, Norbert, 111
Eliot, George, 47
Eliot, T. S., 13, 48
Elogio à loucura (Erasmo), 83
Emerson, Ralph Waldo, 64
Empson, William, 29-30
English Sense of Humour, The (Harold Nicolson), 101
ensaio relacionado ao humor na comédia, Um (William Congreve), 83
Ensaios sobre poesia e música (James Beattie), 62, 100
Erasmo, 83
Eros, 123
Escócia, 87, 88, 138-139 n. 14
escritores irlandeses, 33
Esperando Godot (Samuel Beckett), 29, 57
espirituosidade, 16, 104-110
esprit d'escalier, 106

Essay on Criticism (Alexander Pope), 106
Ética a Nicômaco (Aristóteles), 81
eucaristia, 131

F

falácia mimética, 119
Falstaff, Sir John, 103
Fedra (Jean Racine), 53
fenomenologia do espírito, A (Georg Wilhelm Friedrich Hegel), 52
Ferenczi, Sándor, 22, 23, 53
Ferguson, Adam, 88
Festa dos Loucos, 130
ficção gótica, 24, 103, 104
Fielding, Henry, 43, 59, 86, 98
figura paterna, 20-21
Filebo (Platão), 39
Finnegans Wake (James Joyce), 16, 48
Fool of Quality, The (Henry Brooke), 89
Freud, Sigmund, 20-23
  crianças e humor, 61-62
  Empson e, 30
  Hazlitt e, 78
  inteligência, não sentimento, 43
  chistes, 95
  livro sobre os chistes, 97
  jouissance, 123
  mestre e bobo, 63
  significado e não significado, 32
  sobredeterminação, 76
  superego e ego, 25
  tânato, 19
  teorias do humor e, 63-64, 76-77

ÍNDICE

frônese, 18
Frost, Robert, 41

G

Gaels, 87-89
gato do chapéu, O (Dr. Seuss), 21
gênero, 84, 86, 91
Gênese, Livro do, 64
Gervais, Ricky, 58
gnósticos, 130
Goldsmith, Oliver
  benevolência e sentimentalismo, 97
  comédia como vulgar e mesquinha, 98
  descrição, 87
  Steele e, 88
  Sterne e, 98
Good Morning, Midnight (Jean Rhys), 39
Goon Show, The (BBC), 23
Gramsci, Antonio, 30
Grandes esperanças (Charles Dickens), 100
Grieg, J. Y. T., 64
Griffiths, Trevor, 113 *ver também Comedians*
Grock, 123
gurkhas, 66, 67

H

Hamlet (William Shakespeare), 60
Hancock, Tony, 28, 58
Hardy, Thomas, 43, 46
Hartley, David, 83

Hawkins, Sir John, 96
Hazlitt, William 10, 78-79, 109
Heaney, Seamus, 26
Hefesto, 39
Hegel, Georg Wilhelm Friedrich
  infinitos maus, 57
  estrutura cômica da história, 52-53
  diversão e desdém, 86
  erro e percepção enganosa, 53
  Cursos de estética, 20, 41, 86
helenismo, 94
Hitchens, Christopher, 79
Hitler, Adolf, 121
Hobbes, Thomas
  conde de Shaftesbury e, 42
  Ferguson e, 88
  Freud e, 97
  riso como careta, 17
  rir de si mesmo, 56
  morosa teoria, 84
  Sterne e, 97
  teoria da superioridade e, 40
  visões da sociedade e, 88
Homem Sentimental, 89, 97
Hope, Bob, 58
Howard, Brian, 102
Howerd, Frankie, 28, 58
Hume, David, 90, 96
humor inglês, 22, 102, 122-3
humor irlandês, 28-29, 55
humor judaico, 55, 56
humor negro, 18-19
humor *ver também* carnaval; piadas; riso

análise, 9
bathos, 28-30
cristianismo e, 82
natureza classista do, 81-82
Comedians (Trevor Griffiths), 113-126, 129
conceito da natureza humana e, 49
século XVIII, 85-87
gênero e, 84, 86
bom humor e, 94
teoria da incongruidade, 61-75
perda de controle e, 82
muitas teorias, 61
significado original, 71, 73
dor expressada através do, 115, 129
individualismo possessivo e, 85
teoria do alívio, 42, 75, 76, 78
base rural do, 100
autodepreciação, 28, 56
teoria da superioridade, 39-42, 44, 53, 55, 63, 69
espirituosidade, 104-110
Hutcheson, Francis
demolindo Hobbes, 42
rejeição do autointeresse, 93-94
o riso é melhor que o sermão, 43
objetivos da ordem social, 95, 99
Reflexões sobre o riso, 28-29
nós e eles, 113

I

id, 21, 22, 29
Idade Média, 35, 81
Ilíada (Homero), 39

Iluminismo escocês, 88
importância de ser prudente, A (Oscar Wilde), 50
Individualismo possessivo, 85, 87
ingleses, 88, 102, 103, 104-105
Irlandeses Unidos, 96
irmãos Karamazov, Os (Fyodor Dostoievski), 31
Isaque, 64
Iugoslávia, 66
Izzard, Eddie, 58

J

Jane Eyre (Charlotte Brontë), 104
Jefferson, Thomas, 96
Jeová, 39
Jerusalém, 130
Jesus Cristo, 130-131
Johnson, Samuel, 13, 17, 64, 87
Jonson, Ben, 21, 50, 86
Joseph Andrews (Henry Fielding), 59
jouissance, 123
Joyce, James, 16, 29, 48
judeus, 120, 130
Juvenal, 43

K

Kant, Immanuel
descrição do riso, 20
Hazlitt e, 78
influência de Hutcheson, 95
riso e incongruidade, 62
teoria da arte, 68
Kierkegaard, Søren, 53

ÍNDICE

Koestler, Arthur, 64
Kundera, Milan, 15, 16, 30-31, 94

L

Lacan, Jacques, 31, 32, 59
lágrimas, 16
Langer, Susanne, 94
"Lápis-lazúli" (W. B. Yeats), 48
Latta, Robert L., 64
Leclerc, Annie, 15, 16
Lee, Stewart, 9
Lenin, Vladimir, 67
Leno, Jay, 112
Leviatã (Thomas Hobbes), 17, 40
Lewis, Wyndham, 27
Livro de Salomão, 39
livro do riso e do esquecimento, O (Milan Kundera), 15, 30, 94
Locke, John, 88
Lorenz, Konrad, 112-113, 125
Lucas, Evangelho de São, 130

M

Mac Réamoinn, Séan, 108
macaco nu, O (Desmond Morris), 16
Mahaffy, John Penrland, 104
Malone morre (Samuel Beckett), 71
Mann, Thomas, 32
Mansfield Park (Jane Austen), 21
Marinha Real, 66
Martin Chuzzlewit (Charles Dickens), 99
Marx, Groucho, 56
Marx, Karl, 98

marxismo, 52
Maturin, Charles, 103
Medeia (Eurípides), 53
Memoirs (Lady Morgan), 98
mercador de Veneza, O (William Shakespeare), 55
Meredith, George, 36, 59, 84
Michelangelo, 106
Millar, John, 90
Miller, Jonathan, 112
Milton, John, 32
mímica, 72
Moisés, 65-66
Molloy (Samuel Beckett), 16
Monkhouse, Bob, 13
Montesquieu, 90
Monty Python (BBC), 24, 28
Morecambe, Eric, 58
Morgan, Lady, 98
Morreall, John, 64
Morris, Desmond, 16
morte, 18-19, 25
Mullan, John, 97
mundo como vontade e representação, O (Arthur Schopenhauer), 63
Munro, D. H., 61

N

nacionalismo, 111
Nagel, Thomas, 61
nazistas, 111, 120
neoplatonismo, 41
Nicholas Nickleby (Charles Dickens), 99, 102

150 HUMOR

Nicolson, Harold, 101
Nietzsche, Friedrich, 19, 93, 1033, 111
Noite de Reis (William Shakespeare),
22, 53, 55
nome da rosa, O (Umberto Eco), 82
Norris, Christopher, 29
Norton, Graham, 112
Novo Testamento, 30, 97, 130, 131

O

O'Brien, Flann, 29, 73
Odd One In, The (Alenka Zupančič), 64
Office, The (BBC), 54
Oliver Twist (Charles Dickens), 51
orifícios corporais, 128-129
orifícios corporais, 128-129
Orwell, George, 27
Otelo (William Shakespeare), 24, 32
Oxford English Dictionary, 107
Oxford, 75

P

pantomina, 14, 16, 50
Para iniciantes, coleção, 75
Paraíso perdido (John Milton), 32
Parker, Dorothy, 68, 69
"Páscoa, 1916" (W. B. Yeats), 48
pastoral, 30
Paulo, São, 81
piadas, 18-23, 31-33
  analisando, 9
  perturbação do significado, 15
  visão de Freud, 95, 97

Hutcheson sobre as, 95
natureza das, 107
Orwell sobre as, 27
Robert Frost sobre as, 41
natureza subversiva, 112
Platão, 39, 54, 82
Pope, Alexander, 64, 85, 106, 109
"prazer da imaginação, O" (Mark
Akenside), 62
prêmio Nobel da paz, 61
Presley, Elvis, 41
Purdie, Susan, 112
Pureza e perigo (Mary Douglas), 112
puritanismo, 84, 85, 87, 94

R

Rabelais, François, 125-126, 131
razão, 63
Reflexões sobre o riso (Francis Hutche-
son), 28-29
Rei Lear (William Shakespeare), 102
Renascimento, 35
repetição, 72
repressão, 20-22
  Ferenczi sobre a, 23
  Hazlett sobre a, 78
  desejos ilícitos, 28
  robustez da, 26
República de Weimar, 121
república, A (Platão), 54, 81
"Resuma Proust" (Monty Python), 28
Retórica (Aristóteles), 70
Revolução Americana, 96
Rhys, Jean, 39

ÍNDICE

Richardson, Samuel, 43, 104
riso, 13-18
  adequação do, 86
  Bakhtin sobre o, 34-37
  corpo e, 14
  natureza democrática do, 82
  definição do *Dicionário*, 17
  atitudes emocionais significadas pelo, 14
  epidemias, 16
  árvore genealógica, 83
  Ferenczi sobre o, 53
  culpa e, 20-21
  como humilhação, 42
  incongruidade e, 62
  Idade Média, 81
  virtude e, 94
  lágrimas e, 16
"riso da Medusa, O" (Hélène Cixous), 42
Roberts, John, 53
romanos, 130
romântico, 98
Rose, Gillian, 52

S

Salomão, Livro de, 39
Sanders, Barry, 39
Santayana, George, 109
São Petersburgo, 67
sátira, 43, 46, 85, 126
Schadenfreude, 40, 63, 112
Schoenberg, Arnold, 23
Schopenhauer, Arthur, 45, 63, 71

Schwarzenegger, Arnold, 17
século XVIII, 85-87
Sense of Beauty, The (George Santayana), 109
sensibilidade, 98
sentimento, 90, 97, 98, 99
Seuss, Doutor, 21
sexualidade, 26-27
Shaftesbury, conde de (século XVII), 20, 41-42, 85, 92
Shakespeare, William
  brevidade e espirituosidade, 107
  Hamlet, 80
  Rei Lear, 102
  mercador de Veneza, O, 55
  Sonho de uma noite de verão, 26, 56
  Otelo, 24, 32
  tempestade, A, 27, 53
  Noite de Reis, 22, 27, 53, 55
She Stoops to Conquer (Oliver Goldsmith), 53
Shelley, Percy, 83, 103
significado, 14, 24, 30-33
Silverman, Sarah, 101
Simão de Cirene, 130
Sinai, monte, 65
Skibbereen, condado de Cork, 29
Smith, Adam, 89, 96
"Sobre a espirituosidade e o humor" (William Hazlitt), 78
"Sobre o orador" (Cícero), 39
Sócrates, 54
Solução Final, 121
Sonho de uma noite de verão (William Shakespeare), 26, 53

Sontag, Susan, 106
sorrir, 13, 87
Spectator, The, 40, 83, 86, 91
Spencer, Herbert, 20, 63
Stalin, Joseph, 34, 74, 159
Steele, Richard
  Christian Hero, The, 91
  Fielding e, 98
  qualidades de, 88
  sentimentalismo e, 99
  visão do humor, 86-87
Sterne, Laurence *ver também A vida e as opiniões do cavalheiro Tristram Shandy*
  Coleridge sobre, 97
  obras completas, 92
  Goldsmith e, 98
  humor e seus propósitos, 101
  gracejos no mundo, 95
  sobre fazer o bem, 94
  viagem sentimental, Uma, 98
Stott, Andrew, 107
Structure of Complex Words, The (William Empson), 29
Summa Theologiae (Tomás de Aquino), 82
superego, 20, 21-22, 25, 56
Swift, Jonathan
  bathos em, 28
  As viagens de Gulliver, 28
  sátira lacerante de, 85
  riso e sua evitação, 87
  selvagem diminuição em, 46
  fonte de riso, 64

T

Tanganica, 17
Tatler, The, 91
Tchekhov, Anton, 53
tempestade, A (William Shakespeare), 27, 53
teoria da incongruidade, 61-75
  Kant sobre a, 62
  teoria do alívio e, 76, 78
  Schopenhauer sobre a, 62-63
teoria da superioridade, 39-42
  empatia e, 44
  Ferenczi sobre a, 57-58
  incongruidade e, 69-79
  acertos e erros da, 55
  Schopenhauer e, 63
teoria do alívio, 42, 75, 76, 78
terra desolada, A (T. S. Eliot), 13, 48
terras altas escocesas, 87
Thackeray, William Makepeace, 46
Thanatos, 19, 123
Thomas, Keith, 86
Titanic, RMS, 67
Trinity College, Dublin, 104
Trollope, Anthony, 17

U

Ulysses (James Joyce), 29
União Soviética, 31, 66

V

Vanity Fair (William Thackeray), 46
Versalhes, tratado de, 29
Viagem sentimental, Uma (Laurence Sterne), 98

ÍNDICE

viagens de Gulliver, As (Jonathan Swift), 27, 28

Voltaire, 87

vontade, 63

W

Waugh, Evelyn, xxx, 44, 102

Welsford, Enid, 130

whigs, 113

Wilde, Oscar

como outsider, 104

aversão à seriedade, 85

epítetos, 78

tudo exceto tentação, 69

A importância de ser prudente, 50

vida e arte, 106

mente sobre a matéria, 109

aristocratas espirituais, 103

tutor no Trinity College, 104

Williams, Kenneth, 28

Williams, Raymond, 122

Y

Yeats, W. B., 29, 48, 103

Z

Žižek, Slavoj, 56

Zupančič, Alenka, 32-33, 56, 64, 113

Este livro foi composto na tipografia
Adobe Garamond Pro, em corpo 11,5/16, e impresso
em papel off-white no Sistema Digital Instant Duplex
da Divisão Gráfica da Distribuidora Record.